国外当代教[illegible]

精准教学系列

主　编　盛群力　肖龙海

副主编　冯建超

记录与表征知识：

准确组织与总结内容的方法

JILU YU BIAOZHENG ZHISHI:

ZHUNQUE ZUZHI YU ZONGJIE NEIRONG DE FANGFA

[美] 里娅·A. 施密特　罗伯特·J. 马扎诺　著

莉比·H. 加斯特　劳琳·霍尔特　协编

王杏城　译　　毛　伟　校

中原出版传媒集团

中原传媒股份公司

大象出版社

·郑州·

图书在版编目(CIP)数据

记录与表征知识：准确组织与总结内容的方法 / (美)里娅·A. 施密特，(美)罗伯特·J. 马扎诺著；王杏城译.— 郑州：大象出版社，2018. 11

(国外当代教育研究译丛.精准教学系列)

ISBN 978-7-5347-9973-0

Ⅰ. ①记… Ⅱ. ①里… ②罗… ③王… Ⅲ. ①课堂教学—教学设计 Ⅳ. ①G424. 21

中国版本图书馆 CIP 数据核字(2018)第 249983 号

出 版 人 王刘纯
责任编辑 张 阳 张 欣
责任校对 牛志远
装帧设计 张 帆
出版发行 大象出版社(郑州市开元路 16 号 邮政编码 450044)
发行科 0371-63863551 总编室 0371-65597936
网 址 www.daxiang.cn
印 刷 河南新华印刷集团有限公司
经 销 各地新华书店经销
开 本 787mm×1092mm 1/16
印 张 7.5
字 数 97 千字
版 次 2018 年 11 月第 1 版 2018 年 11 月第 1 次印刷
定 价 18.50 元
若发现印、装质量问题，影响阅读，请与承印厂联系调换。
印厂地址 郑州市经五路 12 号
邮政编码 450002 电话 0371-65957865

浙江省卓越教师培养协同创新中心

2017—2018 年度重点项目“教师教学设计应用模式研究”成果

浙江传媒学院教师教学发展中心合作成果

精准教学系列

“精准教学系列”（The Essentials for Achieving Rigor Series）这套教学指导书有助于教育工作者在实施、监控和适应教学方面做到得心应手。本系列采用了日常示例作为课堂应用的范例，使之具有即时的实践效果。

《确定关键内容：把握重点的方法》

《言之有理：提出与辩护主张的方法》

《记录与表征知识：准确组织与总结内容的方法》

《区分异同：深度理解的方法》

《加工新知：参与学习的方法》

《梳理知识：检查深度理解的方法》

《编制与使用学习目标和表现量规：教师如何作出最佳教学决策》

《参与综合认知任务：跨学科提出与检验假设的方法》

《操练技能、策略与过程：熟能生巧的方法》

《组织学习活动：小组互动方法》

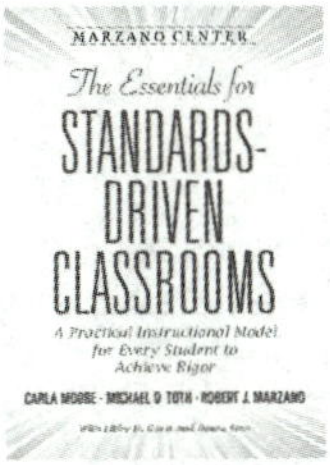

《标准驱动的课堂：精准教学的实践模式》

致 谢

国际学习科学组织（Learning Sciences International）感谢以下审稿人的帮助：

凯西·阿西尼
（Kathy Assini）
2014 年新泽西州年度优秀教师

卡里·科利.迪克森
（Karyn Collie. Dickerson）
北卡罗来纳州，格林斯博罗，格里姆斯利中学，2014 年北卡罗来纳州年度优秀教师

迈克尔·林德布拉德
（Michael Lindblad）
俄勒冈州，格雷沙姆，格雷沙姆高中 / 马里赫斯特大学，2015 年俄勒冈州年度优秀教师

杰里·乔.鲍尔斯
（Jeri Jo Powers）
堪萨斯州，肖尼，河景小学，2008 年堪萨斯州年度优秀教师

作者简介

里娅·A. 施密特（RIA A. SCHMIDT），博士，教育专家，曾担任一线教师、校长、办公室行政主管、教师发展中心主任，从事职业培训已有 15 年以上的经历。施密特博士在课程与教学方面的杰出成就包括：提出并研发了教师及教学管理人员专业发展系列培训，涉及差异化教学、发展量规、发展评价（形成性评价或总结性评价）、能力评分、标准化与达标基准，以及基于标准的培训和水平报告；成功引导一所学校开展了评价方式改革，从传统的成绩单形式转型为以标准化评价为基础的学生评价系统；在教师水平报告及教学指导中开发出综合运用标准化评价和数据评分的方法。此外，施密特博士在观测和评估教师及行政人员工作绩效方面积累了丰富经验。

罗伯特·J. 马扎诺（ROBERT J. MARZANO），博士，马扎诺研究实验室首席执行官，学习科学马扎诺中心教师和领导评估执行主任。作为教育研究的先驱者，他是一名演说家、培训师和作家，发表了 150 多篇论文，涉及教学指导、评估、写作及实施标准、认知、有效领导和学校干预等。他还撰写了 30 多本著作，包括《教学的艺术与科学》（ASCD，2007）和《差异化教师评估》（ASCD，2013）。

莉比·H. 加斯特（LIBBY H. GARST），教育学硕士。作为国际学习科学马扎诺中心的教师培训师和教学设计师，她为教师成长提供专业发展支持，促进教师的成长。她是一位成功的教师和培训师，毕业于弗吉尼亚理工大学，并在弗吉尼亚大学获得硕士学位。

劳琳·霍尔特（LAURINE HALTER），教育学硕士，拥有 20 多年的教育行业工作经历。因在科学教育方面所作出的独特贡献，她曾被授予南达科他州“劳动力与职业规划奖”，她在南达科他州大学获得硕士学位。

目　录

引 言

《记录与表征知识：准确组织与总结内容的方法》旨在提升记录与表征知识这一具体的教学实践策略。

本书可以为教师提供基于实证研究的教学策略（如马扎诺教学框架中所涉及的），来改善教学实践。本书还可以帮助教师在课堂上实施精准的教学策略，使学生达到各类标准的要求，如《共同核心国家标准》（*Common Core State Standards*）、《新一代科学教育标准》（*Next Generation Science Standards*）、《社会研究国家标准 C3 框架》（*C3 Framework for Social Studies State Standards*）、基于或受《大学与职业准备锚定标准》（*College and Career Readiness Anchor Standards*）影响的各州立标准。

本书可以帮助所有年级和学科的教师提高运用“记录与表

征知识”这一教学策略的能力。聚焦记录与表征知识这一技能，你将能专注于该教学策略的细微之处并细致地做出改进，并进一步在具体教学实践中有意识地规划、实施、监控、调适、反思这一策略。正像马扎诺和托特（Marzano & Toth，2013）所说，一个想成为专家的人会有其独特的策略：

◇把教师专业发展所需的特定技能加以具体分解。

◇专注于在实践或日常活动中改进特定的关键技能板块（而非简单的任务）。

◇获得即时、具体和可操作的反馈，特别是从更有经验的教练那里得到评价。

◇在更具挑战性的水平上，不断练习每个关键技能直到掌握。对已经掌握的技能则尽量减少时间投入。

“精准教学系列”就是基于上述方法，专注于分解教师专业成长所需特定技能，提供日常的实用建议，以帮助教师更得心应手地运用这些技能。

基于马扎诺教学模式

“精准教学系列”基于“马扎诺教学框架”（Marzano Instructional Framework），即以研究为基础，为教育工作者提供将教学实践与学生学业成就联系起来所需的工具。本系列使用了马扎诺教学模式（Marzano Model of Instruction）的关键术语，见关键术语表。

关键术语表

术语	定义
《共同核心国家标准》（CCSS）	《共同核心国家标准》是由共同核心国家标准计划（CCSSI）开发的标准文件的正式名称，其目的是为美国学生的大学深造和职业生涯做好准备
《大学与职业准备锚定标准》（CCR）	《大学与职业准备锚定标准》是一个较为宽泛的说明，包含了针对各年级和特定内容领域的具体标准
预期结果（Desired result）	由于实施一项具体策略而对学生提出的预期结果
监控（Monitoring）	在实施具体策略时，检查学生是否达成预期结果的行为
教学策略（Instructional strategy）	已经证实的、在课堂教学中较可能提高学业成就的一类方法
教学方法（Instructional technique）	用于使学生掌握和深入理解知识和技能的方法
内容（Content）	学生达到标准要求所需的知识和技能
支架（Scaffolding）	有针对性地提供支持，从而使认知复杂性和学生自主性达到精准目标
拓展（Extending）	将已经表现出预期结果的学生提升到更高理解水平的活动

数十年来，教育趋势犹如钟摆一般一直摇摆不定。教育工作者在规范的清单式教案和循序渐进的课程计划之间徘徊，目的都是帮助教师实现教学自主，然而他们在教学科学以及教师的责任方面考虑得非常少。在这些精确解释有效教学的方法中，往往缺少两种做法：（1）对预期结果的具体陈述；（2）基于研究的坚实连接。马扎诺教学框架提供了一个全面的系统，详细说明了什么才是教师使用基于研究的教学策略所需要的。从这个坚实的教学基础出发，教师可以将教学的科学与自己独特而又有效的教学风格相结合，这就是教学的艺术。

《记录与表征知识：准确组织与总结内容的方法》将帮助你成长为高水平的创新型教师，使你能够实施这一策略，并开展支架教学和拓展教学以满足学生的一系列需求。

精准教学系列

“精准教学系列”详细介绍了基本的课堂策略，以支持教学中复杂的转变，这对于所有学生所需的精准教学环境来说是必不可少的。本系列介绍的教学策略对有效地教授《共同核心国家标准》《新一代科学教育标准》或学校所在区、州指定的标准至关重要。这些严格标准需要更深入的理解，运用更有效的策略加以更广泛的实施，从而使学生能够展现出标准所要求的知识和技能。本系列包括适用于所有年级和学科领域的教学方法，还包含针对具体年级的实例，可作为教师在课堂中应用的样例和落脚点。

无论教授哪个年级和学科，熟练运用这些策略对学生掌握《共同核心国家标准》或其他标准来说都至关重要。“精准教学系列”中涵盖的其他教学策略，例如如何做到言之有理和引导学生参与综合认知任务，体现了如何满足严格标准所需的认知复杂性。作为一个系列，这些策略乍看起来似乎有些令人生畏。因此，本系列将在每本书中仅关注一个具体策略。

记录与表征知识

记录与表征知识是一种有效教学策略，对学生获取、组织和记住知识至关重要。该策略为学生提供了多种方法来记录和表征语言或非语言形式的新知识。每当向学生呈现新的关键内容时，一定要弄清楚什么才是指导学生记录和表征知识的最有效方法，并且要把它写入自己的教案。

记录知识是本教学策略的第一个方面。在记录知识时，学生会用自己的话记下有关学习内容的中心思想和要点的单词或短语，这些形式的总结被称为语言表征。学生将新信息转化为非语言表征，如图形组织者、图画笔记、象形图、戏剧扮演或助记符手段，则属于该策略的第二个方面，即表征知识。

有效地记录和表征知识

为了有效记录与表征知识，学生必须能够总结自己所学到的东西，这需要他们将所听到或所读到的信息转换成自己的话语或一些非语言表征的形式，如图形组织者、戏剧扮演或图画。无论是记录还是表征知识，学生做总结时都需要加工所听到或所读到的内容、分析信息、确定关键内容并以有意义的方式吸收这一关键内容。只有做到这一点，他们才能准备好记录或表征新学到的知识。

无论是哪个年级的学生，无论其要掌握的内容难度如何，毫无疑问，许多学生的知识总结水平都还处在基础水平，我们需要给他们提供一些总结的方法。在本书中就可以找到这些方法。以下的一些教师行为与有效记录和表征知识密切相关：

◇教授并向学生展示如何总结新的关键内容。

◇教授并向学生展示如何将学习内容里的一些关键信息记录下来。

◇教授并向学生展示如何通过图形组织者来表示知识之间的关系或模式。

◇教授并向学生展示如何通过戏剧形式，如角色扮演、场景、进程、事件或其他方法，以某种方式将学习内容符号化。

◇教授并向学生展示如何使用一些助记符手段，如韵律、首字母缩略词和歌曲，以帮助他们记住和回忆重要信息。

在准备有效实施这一策略时，请先思考如何避免以下常见错误，这些障碍会使教学偏离课程，最终会影响学生的学习。

◇教师没有给学生充分记录和表征学习内容的机会。

◇教师没有让学生自己思考。

◇教师没有使用适当的方法进行记录或表征。

未给学生充分机会去记录和表征知识

你必须完成规定的教学内容，这种压力很容易让你陷于困境：疯狂地呈现新信息，但在学生记录或表征自己所理解的知识之前，你却不能给他们提供时间对学习内容进行精细加工。记录和表征知识的预期结果是学生能够准确地理解并记住所学内容。如果学生缺乏与所学课程相关的背景知识，或者所学内容特别难，就需要多给学生机会对所学知识进行处理、精细加工、记录或表征。在每一板块新材料呈现过后都可以让学生对材料进行以上的循环处理。记录和表征知识的经验法则是：学生对内容越熟悉，就觉得内容越容易，所需要的记录或表征就越少。

未让学生独立思考

以往教师都会给学生提供笔记（小结、概念、带有解释的信息），然后他们会记住所记录的内容，以回答单元测试中的问题。然而，要求学生从黑板上照抄笔记的日子已经过去了。记录和表征知识要求学生思考、记录和表征。正是在这个过程中，他们获得了更深入的理解并记住了关键信息。

未使用适当的方法进行记录和表征

阅读本书时你会发现，学生可以通过多种方法来记录和表征知识，但有些方法则更适合于记录某些特定类型的信息。例如，记住一列信息的最佳方法之一是使用助记符方法。如果学生要记住一组互不相关的事实，并且需要立即回忆，那么图形组织者也许没有那么有效。思考所教授信息的类型，要对用于记录与表征信息的每一种方法的最佳用途进行评估，然后根据内容使用适当的方法。

监控预期结果

记录和表征知识的有效实施不仅仅是为学生总结、记录和创建图形组织者提供机会，还需要实时监控该策略的预期结果。采用各种“花里胡哨的东西”来使课堂变得生动是不够的。最根本的问题是：学生是否学会或掌握了所教授的内容？说得更具体一点就是，该策略的预期结果达到了吗？最精心安排的课堂可能只是一些无用的练习，除非学生从一开始就认真对待教师的教学策略，注重各种标准，在实现预期结果的过程中都得到教师的监督。

教师可以通过几种方式来监控学生是否有效地记录和表征知识。学生是否可以从某堂课所学内容中有所收获，以下几点可以成为我们判断的重要依据：

◇当给予提示时，学生可以识别并解释一堂课的要点。

◇学生在作业中对重要内容进行组织与总结。

◇学生在讨论过程中对重要内容进行组织与总结。

◇在学生的一些语言表征（如注解、学术笔记本）中记录了所学的关键内容。

◇学生通过一些非语言表征（如图形组织者、图画笔记、象形图、戏剧扮演和助记符手段等）准确表征关键内容。

◇学生不需要教师的提示就可以记录和表征知识，并在必要时作出适当调整。

本书所讨论的每个方法都包含该方法特有的监控示例。

开展支架教学和拓展教学满足学生的需求

当你监控每一种授课方法的预期结果时，无疑会意识到有些学生连哪些是学习的重点都不知道，而另外一些学生则很容易达到预期结果。有鉴于此，你就很有必要根据学生的需求对教学策略进行调整。可以为那些需要帮助的学生提供四种不同类型的帮助：（1）教师（包括助教或其他准专业人员）或同伴提供的帮助；（2）教师通过调整正在教授的内容的难易程度（例如，提供内容相同但更好懂的读物）来提供的帮助；（3）将内容分解成更小的板块，使其更易于学习；（4）在完成任务的每一阶段都给学生提供图形组织者或者思考单，帮助其理清问题（Dickson, Collins, Simmons & Kame’enui, 1998）。

本书所描述的每种方法都会为你提供一些示例方法，告诉你如何通过开展支架教学和拓展教学满足学生的各种需求。支架教学主要是针对认知复杂性、学生的自主学习和精准学习提供帮助，而拓展教学则是将已经达到预期结果的学生提升到更高的理解水平。这些示例只是一些建议，你应该根据需要进行适当调整以满足学生的特定需求。如果你想满足英语语言学习者、接受特殊教育的学生、缺乏教师帮助的学生的需求，或只是满足前一天缺课的学生的需求时，可以使用支架教学中所提供的示例来激发学生的思维。拓展教学可以帮助你为有天赋的学生或已经学会基础知识并对所教授的学科感兴趣的学生制订相应的教学计划。

教师反思

当你发展教学生记录和表征知识方面的专业技能时，反思你的技能水平和有效性有助于更有效地实施此策略。以下一些反思问题会对你有所帮助。这些问题首先是简单地要求你思考如何实施，然后逐步过渡到应该采取哪些更复杂的方式来帮助学生记录和表征知识。

1. 如何将该策略的某些方面融入教学？

2. 如何让学生参与各种活动，以帮助他们使用各种模式对他们所学知识及对重要内容的理解进行记录和表征？

3. 如何监控记录和表征知识对学生理解的提升程度？

4. 如何针对个别学生的需求及特殊情景调整和制定新的策略，以帮助学生记录和表征知识？

5. 在调整并制定新的策略时，你对学生有了什么了解？

帮助学生记录和表征知识的教学方法

有许多方法可以帮助学生有效地记录和表征知识，最终目标是掌握所在年级的学习目标或所学内容的学习目标。你为特定一堂课或一个单元的教学所选择的方法会因所教授的年级、相关内容和班级学生构成的不同而有所不同，这些不同的方法被称作教学方法。接下来的内容会告诉你如何实施各种教学方法。在本书中，这些教学方法可以分为两类——语言和非语言表征。

第一部分　语言表征

教学方法 1　做总结

教学方法 2　做笔记

第二部分　非语言表征

教学方法 3　图形组织者

教学方法 4　图画笔记和象形图

教学方法 5　戏剧扮演

教学方法 6　助记符手段

所有这些方法结构形式类似，并且都包含以下要素：

◇方法简介

◇有效实施方法的策略

◇实施方法时要避免的常见错误

◇根据选取的学习目标及标准，为小学或中学课堂提供一些正例和反例

◇监控预期结果的方法

◇监控学生的量规

◇支架教学和拓展教学的方法，以满足学生的需求

第一部分

语言表征

语言表征是学生在记录课堂上学习的内容或自己独立阅读时最著名和常用的方法。第一部分有两种语言方法可以帮助你教导学生首先总结课堂讲授内容或自己阅读的课文内容（教学方法 1），然后做好笔记，以加深理解并记住内容（教学方法 2）。

教学方法 1　做总结

对学生而言，如果要写下所学的基本内容，总结是一项必不可少的技能。会做总结之后才能做准确和有用的笔记。然而，只是让学生写总结，而不直接教他们如何总结，也不对总结过程进行示范，就像让一个还不会骑自行车的人直接骑上最新款自行车去公园一样，都是不切实际的。

总结会涉及三种不同层次的复杂认知：（1）信息提取。学生根据教师提供的线索和提示记下关键内容。（2）信息理解。学生用自己的话概括关键内容，深入理解学习内容。（3）信息分析。学生自己用一个简短的句子复述关键内容的主要部分，并将其与课堂上或课文中的相关细节关联起来。

如何做有效的总结

有效的总结取决于直接教授什么是总结，并根据内容和年级水平对总结过程进行示范。以下是教学生如何总结的几种方法：

教授用于总结的行为动词

如上所述，总结是涉及多种认知行为的复杂过程。一旦理解了总结的各种认知行为，对这些行为进行讲授或示范就会显得更加容易。常见的行为动词包括：（1）理解；（2）分块；（3）压缩；（4）概念化；（5）关联。这些都需要学习者对课文或教师所讲解的内容从不同角度去处理。接下来就对这些行为进行描述。当阅读这些行为描述时，请评估学生任一行为的执行效果。如果要完成以下所有总结行为，学生必须阅读技能强，具备大量背景知识。虽然这些步骤按顺序排列，但其中的任何一个步骤都可能成为你帮助学生提高总结水平的起点。

1. 理解： 无论是小学生还是研究生院的博士生，理解都是学习的最大障碍。如果没有真正理解所听或所读的内容，学生是不可能完成总结的。若要检验学生是否真正理解所学内容，要求他们用一两句话向你或同学们解释所学的关键内容便是一种不错的方法。如果他们无法解释，就需要回头重新阅读课文，针对不明白的内容向教师提问，弄清楚新词语的含义，与同学讨论学习的内容，或者查找其他一些资料，理解所学内容。为了理解新内容，学生必须以某种方式对其进行加工。在《认真阅读，厘清课文内容》（*Read closely to determine what the text says explicitly*）这本书中，理解这一重要步骤被定为学习目标。学生只有多次阅读关键内容，才能达到总结所需的理解水平。

2. 分块：向学生呈现新内容时，可能要决定如何对内容进行分块。在呈现一块重要信息后，教师尽量不要再赘言了。要给学生机会思考、配对合作和分享你所说的话，然后将最重要的内容做成笔记。如果学生阅读课文时以做总结为目标，那么将课文分成有着逻辑关系的几个板块，可以减少因试图一次性记住所有内容而产生的挫败感。

3. 压缩：这个过程需要将含有数百个单词和多个概念和细节的课文或教师的讲课浓缩为一组有条理的材料。熟练的读者和听众学会识别中心思想和重要细节。他们也可以略去琐碎的和不重要的信息（这并不是说琐碎的和不重要的信息读起来没趣）。但是，学生们不可能记住所有内容。向学生进行示范：熟练的读者是如何确定何时将信息包含在总结中的。然而，熟练的读者也知道，当他们在做笔记和做总结时，必须要用自己的话来进行一个简单的陈述。

4. 概念化：这需要进行练习，但是一旦学生看到你多次示范，他们就会从课文或课堂演示的一个板块中提炼出关键词和思想。

5. 关联：如果你完整的授课内容或整篇课文由三块组成，学生将记录下三组与授课内容或课文的整个主题相关的单词或短语。随后要求学生用这三个单词或短语组成一句总结的话。

表 1.1 列出了五个步骤及让学生易懂的定义。如果你对学生有能力一下子吸收并消化这些步骤有信心，那就行动吧。但是，请记住，你必须完善自己做总结的技能，以便在对学生而言相对好懂的课文中为学生做示范。如果你做不到，不要指望学生能做到。

表 1.1 做总结的五个行为动词

步骤	要采取的行动
理解	阅读并理解课文
分块	把课文分成几个部分。如果你正在阅读一篇长课文，试着将其分成更易于理解的小块
压缩	通过删除一些示例和不重要的信息来缩短课文
概念化	想出一个关键词或短语来总结每个小块
关联	将每个小块中的关键词和短语组成一个总结句

讲授主要内容，帮助学生总结

表 1.2 告诉我们，为了帮助学生总结，在你呈现教学内容的教案中必须假定：通过将课文分块，特别是对每一小块的内容进行概念化（如，从所呈现的内容或课文中选择一些关键词或短语），你已经直接教学生如何总结，并进行示范。学生开始更多地自己思考，但是他们仍然可能需要教师的帮助：教师与学生一起思考，并帮助学生形成自己的想法。不要限制学生的思维并进行过度解释，也不要告诉学生做什么、如何做，而是要多鼓励和多提问。在本堂课上，你要求学生认真听以辨别哪些是关键词或关键短语，而不是通过阅读把它们找出来，你希望学生承担更多的总结任务。

表 1.2 讲授主要内容，帮助学生总结的教案

步骤	过程
确定你打算讲授的主要内容。将主要内容分成三等份。将讲授时间分成三个十分钟。准备一个模板，学生可以在上面记录关键词和短语，或让他们将一张记笔记的纸分成三块	教师的持续讲授不要超过十分钟。备课时要确保每一个十分钟讲授的都是主要内容。讲授过程中不允许离题或分心

（续表）

步骤	过程
将第一板块的内容呈现给学生	这时学生们主要的任务就是听，把笔放下，全身心地关注你所讲的内容。鼓励他们通过听获取关键词或短语。如果他们想把什么东西写下来，要求他们一定要再等待几分钟。如果他们在你说话的时候就已经开始动笔的话，他们可能会错过非常重要的内容或细节
在第一板块结束时，要求学生快速写下也许能总结你所呈现的主要内容的关键词或短语。一旦他们写下了他们的关键词或短语，就直接让他们与同学们谈论自己的想法以及产生这样的想法的原因	鼓励同学们谈论为什么选择这样或那样的关键词或短语。在教室里四处走动，听听学生在说什么或检查他们所写的东西。检查理解的另一种方法是让学生将关键词或短语写在白板上，并把它们举起来
将第二个板块的内容呈现给学生	教师的讲授还是不要超过十分钟
这个板块结束时，让学生与指定的同学一起钻研，列出所听到的包含重要信息的关键词或短语	密切关注学习有困难的学生，并给出一些提示或提一些问题，使其行动起来。在课堂的这个环节，不要给学生用于填空的答案，要让学生自己思考
完成最后一次的内容呈现，随后停下来进行信息加工	现在是学生把最后一组关键词或短语进行组合的时候了。鼓励同学们谈论他们所做的选择。讨论时，学生当然可以修改他们选择的单词或短语
确保你已经为此步骤提供了足够的示范。将关键词和短语最终连接或组合成一句总结对学生来说是最具有挑战性的	如果你还没有对此最终连接步骤进行充分示范，请选择一组同学，让其将关键词和短语写到黑板上。然后为他们示范几种不同的方式，使其关键想法和细节通过几种不同的方式组合成一个好句子。这是一个实验过程。你可以把一些关键词进行组合，大声朗读，看看听起来怎么样。如果你挑选的一组同学在选择关键想法和细节方面做得不够好，那么请借此机会与学生讨论听力和思维方法对撰写好的总结有多重要。如果没有选择中心思想和关键细节，他们将无法写出一个很好的总结。引导出一些更合适的关键词和短语，并向学生说明如果真正听了课并进行好的词语选择，撰写总结会容易得多

培养独立阅读，帮助学生总结

前面讲的是在课堂讲授过程中帮助学生做总结，你也可以做些调整，改为在学生阅读课文时帮助他们做总结。开展阅读有几种方法，但是首次使用这种方法时，可以让同学们齐声朗读。使用这种方法可以确保所有学生都在认真对待课文，当读完课文的第一板块时，他们可以立即开始讨论中心思想和重要细节。表 1.3 提供的是一个教案简案，旨在通过学生独立阅读帮助他们做总结。

表 1.3　旨在帮助学生做总结的课文阅读教案

步骤	描述
选择想要学生阅读的课文，将其分成便于操作的三个部分	如果你要在以后的场合使用本教案，请准备一个模板，学生可以在上面填写他们的姓名、同伴的姓名，以及他们所确定的每个板块的关键词和短语。给每一组同伴一个图形组织者
指导学生如何与同伴齐声朗读。给每一组同学适当时间来完成阅读。因为是朗读，大多数组应该在同一时间完成	在齐声朗读中，学生与同伴一齐大声朗读。他们设定速度，一齐朗读，使其听起来像是一个声音。每组同伴都在读相同的课文
指导学生与同伴谈谈在阅读之后，哪些想法、细节、关键词和短语会出现在他们的脑海里。提醒他们在阅读两大板块之后要写出整篇课文的总结	给学生足够的时间和同伴来阅读和讨论课文。指导学生在图形组织者上写下他们在课文的第一板块中所确定的关键词和短语
给学生另一段合理的时间来阅读并充分钻研课文第二板块	指导学生在图形组织者上写下他们在课文的第二板块中所确定的关键词和短语
指导学生与同伴一起谈话。 提醒他们思考第二个板块是否给予了额外的信息。提醒他们忽略任何不重要的信息	持续监控学生的钻研和记录
使用与前面相同的步骤，完成第三板块的阅读	在学生齐声朗读时，教师不停地走动和监控，以确保所有的学生都完全投入到课文的学习中
如果你已经为几个课文板块中的关键词和短语组合的过程进行示范，请让学生使用该过程来写一个总结	如果学生此时还没有准备好撰写总结，请使用学生生成的关键词和短语为他们示范总结过程

给予提示，讲解总结过程

在学前班和幼儿园，教师就开始教学生如何做总结了。在这些阶段，学生很少记录，更多的是进行表征。但是，在上一年级或稍早的时候，学生就能够记录知识。该由你来教他们如何在记录过程中做总结。每当听到大声朗读故事时，或者当教师讲解重要的内容时，他们思索做总结的时间越早，就越容易养成一种伴随他们度过初中、高中、大学乃至职业生涯的心理习惯。以下是一些提示和总结过程的示例，可以用来为年少或学习有困难的学生提供帮助。

某人—想要—但是—所以—那么（SWBST）

这组提示可以帮助学生针对读过的故事或者有关历史人物的课文写一句简单的总结。要创建 SWBST 图形组织者，请将一张空白纸横向铺开，并将其分成四列。在前三列的最上方写上“某人”“想要”“但是”，在第四列的最上方写上短语“所以，……”“那么……”。在学生听到别人大声朗读或自己独立阅读一个故事后，让他们填写故事或内容中的信息。最后一步是组合关键词和短语，形成一句简单的总结。例如，学生们读了童话《皇帝的新装》，教师与他们一起在每一列上填写相应的信息。教师和同学们最终的总结如下：皇帝想要一些衣服，那些不能胜任工作的人是看不见这些衣服的，但他并没有意识到织工只是在假装织布，所以（那么）他因为在公共场合没有穿衣服而被羞辱。SWBST 型句子可能会有点麻烦，但是这个图形组织者是理解什么才是总结的第一步。

掌握概要

如果学生掌握了概要，那就可以直接判定其已经理解了一个故事、演示、电视节目或电影的大意。“概要”一词是指某一内容的要点或中心思想。通过使用这种方法，学生可以确定一个概念或课文某一部分中的人物、事件、时间、地点、原因及方式。然后他们用这些笔记来写出一个二十字的总结，称为“概要”。学生可以将这个策略用于课文中有关内容，以提高自己阅读理解和做总结的技能。（有关掌握概要图形组织者的模板，请参阅“资源 A.1”。）

总结框架

总结框架是教师可以提供的一系列提示，可以口头提供，但最常见的是以工作表格式列出。框架中所列出的这些问题可以帮助学生从教师提供的信息或学生自己独立阅读的课文中提取关键内容。学生对这些问题进行简要回答，然后写总结。总结框架有很多种，如论证框架、定义框架、问题或解决方案框架，主题—限制条件—插图框架、会话框架和叙述框架（有关叙述框架模板，请参阅“资源 A.2”）。

常见错误

以下是教师在总结讲授和示范时所犯的一些常见错误：

◇教师还没有讲授和示范总结过程就要求学生独立撰写总结。

◇教师没有分配适当的教学时间来讲授和示范总结。

◇教师没有将总结的各个方面分解成可理解的教学板块。

◇教师选择的课文对学生来说太难阅读和理解。

◇教师写好总结并口述给学生。

◇教师没有把写总结的责任逐渐交给学生。

做总结的正例和反例

所提供的这些正例和反例可能与你所执教的年级或学科的教学内容有所不同。你可以从一个全新视角看待这些正例与反例，并根据它们找到一种新方法来思考如何直接向学生教授和示范做总结的方法。

小学做总结的正例

第一个例子告诉我们在小学二年级应该如何教学生做总结，并进行示范，以及哪些事情又是应该避免的。学习目标是：确定整篇课文的主题以及课文中特定段落的重点。（参见 CCSS ELA & Literacy, Reading-Informational Text Grades K–5）学生正在阅读他们的社会科学教科书。教师以前用“整篇文章或故事主要是关于什么的”的定义向学生讲授“主题”这个术语。她还向学生讲授了“重点”这个术语，将“重点”定义为“文中某一段落的具体内容”。

要实现学习目标，教师决定使用表 1.3 中修改后的教案。她的学生习惯于与同伴讨论齐声朗读过的段落，这种方法可以确保所有学生都在认真学习课文。

> 同学们，今天我们将继续练习使用一个重要的阅读方法：阅读时找主题。谁能告诉我什么是主题？杰里米，我看到你看着定义表。请给我们读一下。（杰里米读道：“主题是一个短故事或文章的主要内容。”）让我举个例子解释一下。假设我们正在读一篇有关沙漠动物的文章。第一段描写了一些生活在沙漠中的动物。第二段描写了这些动物在沙漠的炎热和干旱中存活的一些特殊方式。最后一段告诉我们，我们可以从沙漠动物那里学到关于在沙漠中生存的知识。（教师创建了一个编号列表，然后询问学生每个段落的重点。）第一段讲什么？（在白板上写下正确的答案：沙漠动物。）第二段讲什么？动物如何适应沙漠。第三段讲什么？我们如何利用从动物身上学到的知识适应沙漠。现在我想要你们回答两个重要的问题：一、这三段的主题是什么？向同伴说明你是如何确定主题的。（教师在教室里四处走动，倾听学生表述每个段落的重点，或描述一些关于主题的细节。）第一段的重点是什么？对，描述一些生活在那里的动物。这是第一段的重点。现在，告诉我第二段和第三段的重点。

由于对学生完全理解了这个过程感到满意，教师让学生阅读为他们所挑选的社会学书中包含三个自然段的一个小节。她给学生提供了一个简短的图形组织者，让学生在阅读时完成：本节的主题、第一段的重点、第二段的重点和第三段的重点。同学们齐声朗读第一段，在重点上面达成一致。重复此过程，直到读完三个段落，并确定了每个段落的重点。然后，他们确定了这三个段落的主题。

小学做总结的反例

反例中的教师的整个教学安排与正例中的教师相同。但是，反例中的教师急于让学生阅读社会学书，并没有通过举例给学生简单解释如何确定三段故事的主题和每一段的重点。教师既没有教学生如何做总结，也没有进行示范，这是要求学生做总结时教师最常犯的错误之一。

中学做总结的正例

这里给出的有关做总结的正例源自一堂高中英语课。学习目标是：确定课文的中心思想或主题，分析课文是如何展开的；总结用于支撑主题的一些重要细节和思想。（CCSS ELA & Literacy, CCR Anchor Standard 2 for Reading）教师选择一种被称作快照总结的方法（McEwan-Adkins & Burnett, 2013），用照片作隐喻。该隐喻很合适，因为几乎所有的学生都不断快速地给朋友和家人拍摄照片。

“快照总结”一词抓住了学生在课堂上阅读课文时教师要求他们所做事情的实质。教师精心选择要求学生阅读的课文，并将其分成三块。她首先向学生定义快照总结——它是指你所写的一个句子或一个短语，它能概括某一块课文内容的中心思想。以下是她对这堂课的介绍。

同学们，早上好。今天，我们要进行快照总结。告诉我，当你听到这个短语时，你会想到什么。（一名学生说他正在做当天的快照总结，并在拿出手机的时候邀请教师摆姿势拍照。）嗯！快照总结不是照片。这是一个总结，用文字描述你读过的东西的实质，就像照片捕捉到了你和朋友或家人在一起的时刻一样。让我来给快照总结下定义：它是指你所写的一个句子或一个短语，它能概括某一块课文内容的中心思想。

教师分发给学生一篇包含三个段落的课文，要求他们阅读，同时还给他们提供了一个图形组织者，用来记录快照总结。学生们齐声朗读课文的第一板块后，教师向学生示范如何选择关键词或短语来写该板块课文的快照总结，并在图形组织者的适当位置中的空白处写下所选的关键词和短语。学生们齐声朗读课文的第二板块后，教师让志愿者与她一起描述如何为课文的第二板块创建一个快照总结。然后，她让学生齐声朗读课文的第三板块，与同伴一起研读，并为其编写快照总结。教师此时决定等到第二天才为学生示范如何将快照总结组合成一句话总结，来陈述课文的中心思想。

中学做总结的反例

反例中的教师让学生读一篇三段式文章并写出一些简短的关键词和短语来描述每个段落，然后让学生将这些关键词和短语组合成一句话总结全文。她不为学生示范整个过程，也不给他们与全组或同伴进行协作的机会。来自同伴或教师的指导和支持极少，却被期望完成任务。许多学生感到沮丧，无法完成任务。

确定学生是否能总结关键内容

监控学生对总结的掌握情况是一件持续的、有时甚至令人沮丧的事情。学生做总结的成功与否在很大程度上取决于他们正在阅读的课文的难易度以及学生对某个主题或过程所掌握的先验知识的多少。以下是一些监控示例，可以帮你评估学生是否达到了预期的教学结果，也可以帮你判断是否需要先后退一步，为某些学生提供更多帮助。

◇学生与同伴讨论做总结过程中的步骤，教师在教室里快速走动，并聆听他们对整个总结过程的理解。

◇学生对课文进行课堂讨论，写成总结并交给教师，这样算是完成了任务。教师稍后会阅读总结，记录学生取得的进步以及可能需要进行重新教学或额外示范的地方。

表 1.4 是有关学生做总结水平的量规，该量规展示了学生对某一堂特定的课或某一篇课文的关键内容进行总结的不同水平。

表 1.4 学生做总结水平量规

新手入门	基本掌握	预期达标
学生可以用教师所给的线索和提示总结关键内容 没有同学或教师的帮助，学生无法用笔记总结这堂课的重要信息	学生能用自己的话来总结关键内容，重述中心思想 学生可以撰写一个总结，其中包含一些相关细节 学生无法创建简明扼要的总结	学生可以用自己的话写一句概括关键内容的简明总结，复述教师课堂教学或自己独立阅读的中心思想以及一些相关细节 学生能够向同伴或教师解释他们对重要信息做的总结

开展支架教学和拓展教学满足学生的需求

很多学生做总结有困难，他们的困难大部分在于理解。如本节前面所述，如果学生不理解他们读过的内容，他们将无法对其进行总结。还有其他学生可能理解起来很容易，但无法专业地运用做总结的认知过程。你可能没想到少数学生需要拓展教学，但你应该预料到他们的需求。

支架教学

以下是为总结教学提供支架的一些方法：

◇使用符合学生阅读水平的课文。

◇使用各种提示来为总结过程提供支架教学。

◇向学生提一些探究式问题，帮助他们把所学的东西表达出来。

◇准备一张表格来帮助学生评估他们的总结。填写该表格应注意：总结宜短，总结需略去不重要的细节，总结不是复制或重述故事，总结说的是最重要的事情。把图表张贴起来，以供学生需要时参考，并将它用作微课程来指导学习有困难的学生，鼓励他们使用其中的内容来评估自己的总结。

◇总结事件、课堂活动和日常惯例，让学生有持续的机会总结简单的信息。

◇提供同伴支持，以齐声朗读或有声读物的形式阅读更具挑战性的课文。

◇给学生更多的时间思考和钻研。

拓展教学

以下是为取得预期结果的学生拓展总结的方法：

◇加大课文内容的难度，或为那些不能独立阅读的学生给予主要和次要的提示。

◇要求学生给出一些一句式总结，例如在《纽约时报》周刊书评或畅销书排行中经常可以找到这种形式的总结。学生准备的这些总结可以帮助班上其他同学选择一些书籍阅读。

教学方法 2　做笔记

笔记是一种强大的学习工具，学生可以用来记录教师以口头或视觉形式（幻灯片、视频、电影、演示、实验或人工制品）呈现的信息，以记录他们正在阅读的课文的中心思想和关键细节。做笔记的时间以及做笔记的方式将直接影响学生从中获益的程度。通过做笔记将书本上的单词转化为自己的想法、概念和总结，这并不神奇。例如，如果学生只是从黑板或课文中生搬硬套复制单词，他们可以在所写的单词一个都不理解的情况下复制好几段文字。同样，学生也可以将教师在课堂上说的话记上好几段，而其中没有一个词是自己可以理解的。课堂上学生这种做笔记的方式类似于法庭庭审中书记员记录庭审过程，尽管都对记录的内容不理解，但他们确实都是在记录东西，因为学生的课堂参与性似乎很强——他们的书面记录足以证明这一点。然而，他们的经历就像拍摄一个游行或家庭聚会的视频，并不能让人记住发生的任何事情。在事情发生的同时进行记录，人们可能经常无法做到在理智与情感上都参与到正在发生的事情中去。同样，学生在做笔记时也经常会出现错过一些关键内容的现象。只有当学习者理解了第一种方法中所描述的有关总结的概念，确切理解了何时及如何做笔记，并且可以根据有详细说明的文章中心思想单独写成一句简单的总结的时候，做笔记的意义才能真正实现。

如何有效做笔记

学生可以用先前讨论过的各种格式做笔记。在课堂上你可能有自己喜欢的做笔记的方法。与做笔记的方法本身相比，掌握如何直接指导学生做笔记并告诉他们这些方法是如何发挥作用的，显得更为重要。以下是一些教学生做笔记的指导方针：

1. 在学年开始时向学生教授做笔记的方法。针对比较复杂的做笔记方法，要多提供一些例子以及日常练习，直到他们理解了该方法，并能使其成为惯例。

2. 每天坚持使用该方法。

3. 要求学生对笔记进行收集、阅读和评论。

4. 用笔记的方式通知学生你的授课计划，口头告诉某些学生需要为他们提供支架教学和拓展教学。

总而言之，做笔记的有效实施取决于你在学年开始时如何教学并示范做笔记的方法，并持续监控实施情况，以确保每个人都参与其中。如果你从未告诉学生什么才是标准的做笔记程序，可以考虑以下几种做笔记的方法：（1）非正式提纲；（2）教师设计的模板；（3）双重格式，如任意流程的网状结构图、组合笔记和学术笔记本。

非正式提纲

做笔记最常见的方法之一是拟非正式提纲。学生自己决定提纲应该包括哪些最关键的信息以及哪些能成为提纲中最左边的标题。如果需要，还可以将其细分。缩进是用来表示信息的重要性。请参阅图 2.2 在中学课堂做笔记的示例。

教师设计的模板

你可能刚开始尝试了专家推荐的做笔记格式，但最终还是决定不采用，你选择自己设计做笔记的格式。如果你自己设计的做笔记的格式能奏效、能帮助学生系统地记录和表征知识，从而达到预期结果，那么你确实了不起。

双格式笔记法

双格式笔记法使学生有机会用语言和非语言的格式处理课堂讲授的内容或课文内容。以下方法既包括适合学前班和幼儿园学生的简单易用的任意流程的网状结构图，也包括适用于中学生的复杂多维的学术笔记本。在这两种方法之间是组合笔记法。这是一种简单的单页格式，为学生提供做笔记和绘制图形表征之后总结学习的空间。

任意流程的网状结构图

你会在后面有关课堂示例的内容部分看到一个学生创建的任意流程网状结构图例。乍一看，它似乎只是一个简单的图形组织者。不过，这个网状结构图与本书稍后讨论的传统图形组织者的区别在于它的“任意流程”的特征。它可以是任意形式、任意走向，不需要特定数目的圆圈，记录的是学生根据自己对信息的处理与精细加工而获取的信息。没有框架（标签）规定必须在圆圈中填入什么样的信息。

为了创建任意流程的网状结构图，学生们绘制圆圈和直线，以形成一个网状结构，表现课文或课堂讲授的关键信息。例如，开始绘制任意流程的网状结构图时学生可以先画一个大大的圆圈，并在圆圈中写下最重要的概念或思想。这种方法的不足之处在于学生在上面记录的信息量有限。这种类型的笔记是年幼学生的理想选择。开始时，教师可以提出主体构想，学生可以在较小的圈子中添加细节或图画式笔记。（参见图 2.1。）

组合笔记

组合笔记实际上对语言和非语言表征类别都适用，因为它结合了两种类型的方法。在这种做笔记方法中，学生使用分成两列的格式做书面笔记，记录言语与非言语表征，如象形图或图表，以展示他们学到的东西。（有关组合笔记模板，请参阅“资源 A.3”。）

学术笔记本

学术笔记本旨在永久记录学生对所学内容的分析和综合。学生将笔记本中的各个条目注明日期，这些条目包括记下的笔记、自己对所学内容的反应、产生的问题、问题的答案，以及对自己所取得进步的反思。学术笔记本还包括他们想要了解的东西或当天提出的问题。学生可以把本书中所提到的大多数语言或非语言表征方法用在自己的学术笔记本中。这就解释了为什么这种做笔记的方法被称为双重格式法。然而，学术笔记本远远超越了其他做笔记的方法。教学生如何制作学术笔记本可以获得以下优势：

◇学生有最初思考的永久记录。

◇学生可以按顺序记录自己对学习内容的理解。

◇当你实施“精准教学系列”（如言之有理和梳理知识）所涵盖的其他教学策略时，学生可以优化和提升自己的思考。

◇教学生如何使用和整理学术笔记本并进行示范。如果你无法给学生提供几种精确的示范，那你也就不能指望大多数学生能将学术笔记整理好：（1）举例说明学术笔记本看起来就像各种颜色的文件夹，并且用各种颜色进行标记；（2）演示如何将笔记本放在一起，并帮助他们体验一次制作笔记本的过程；（3）展示学生在上一学年所记的笔记本。

◇如果你从未使用过学术笔记本，就需要从无到有制作一个笔记本的样本，从学生的角度出发准确地表征那些你从未充分体验到的东西。如果你是一位经验丰富的教师，并且已经使用了多年的学术笔记本，那么你无疑可以将以前学生做得好的学术笔记本展示给现在的学生。以下是学术笔记本通常包含的一些方面：（1）空白或预先画好格子的页面，以方便做笔记，在日志、绘图和图形组织者区域写反思；（2）教师预先确定的颜色编码和标记系统（用蓝色水笔修改内容，用黄色水笔凸显问题，在关键内容下面用红色水笔画横线等）。学生将学习的日期作为时间轴。除笔记之外，学生还可以在笔记本中添加反思条目，以帮助他们理解当时的想法。

◇使用学术笔记本的一个重要的优点是可以方便学生检查推理和复习知识。学生需要时间修改和更新最初他们所做的笔记。请记住，做笔记时，学生不需要完全准确地理解关键信息，他们只需要总结他们当时的理解。允许学生修改他们的笔记或图纸，以使理解和记忆更为深刻。

常见错误

与所有教学方法一样，有的实施起来会很有效，而有的则不那么有效。提前了解问题所在会提高成功实施此方法的可能性。当你在课堂上运用记笔记的方法时，请注意这些错误：

◇教师没有直接教学生如何做各种方式的笔记，也没有为其做示范。

◇教师没有给学生足够的时间加工、总结和生成自己的笔记。

◇教师为学生提供完整的笔记。

◇教师在学生有机会与同学一起加工和推敲内容之前就让学生做笔记。

◇教师在展示新信息的时候要求学生记笔记。

◇教师要求学生记录关于一个概念的所有信息，而没有教他们如何区分关键内容和非关键内容。

◇教师要求学生“从黑板上照抄笔记”。

在课堂上做笔记的正例和反例

以下是两组正例和反例（一个是小学样例，一个是中学样例），它们会告诉你在课堂上如何实施该策略。阅读这些内容时，请记住前面提到的一些常见错误，并注意正例中的教师是如何避免这些错误的，反例中的教师是如何犯一个或多个常见错误从而导致教学无法达到预期结果的。

小学做笔记的正例

在这第一个例子中，学生正在学习有关林肯总统和美国内战的内容。除历史课的学习目标之外，这位教师还希望实现另一个学习目标：学生能确定课文的两个或多个主要思想，并解释这些主题思想是如何通过关键细节去论证的；总结课文。（参见 CCSS ELA & Literacy, Reading-Informational Text Grade 5）

> 同学们，下午好。今天，我们将要了解美国第 16 任总统亚伯拉罕·林肯的生活。你们将以两种方式了解林肯总统。首先，我要告诉你们一些关于林肯生活的真实情况。然后，你们会观看一个关于林肯的视频。你们的任务是仔细听，记住我说的事实和你们所观看的视频中的重要信息。一旦视频结束，你和同伴要一起创建一个任意流程的网状结构图，阐述你所学到的有关亚伯拉罕·林肯的重要信息。

教师继续分享信息，并播放关于亚伯拉罕·林肯生活的视频。她简短地提醒学生，要创建一个任意流程的网状结构图，需要绘制较大的圆圈来表示较重要的概念，并绘制较小的圆圈来表示支撑信息。通过与同伴合作，学生从演示文稿和视频中确定重要信息，并创建任意流程的网状结构图来记录这些信息。图 2.1 展示了一个有关亚伯拉罕·林肯的课文内容的任意流程的网状结构图。

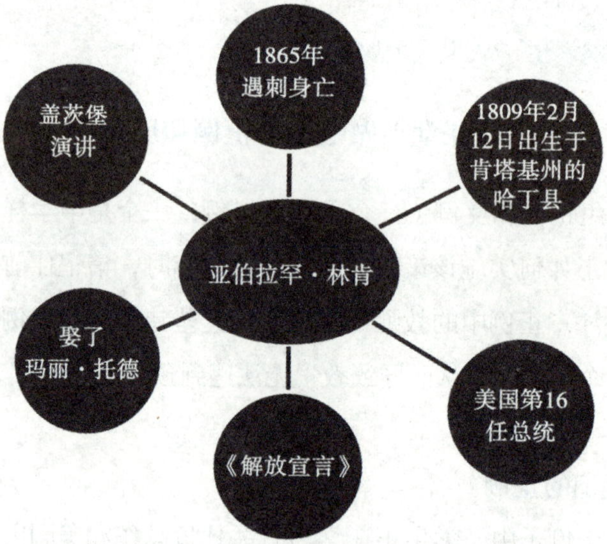

图 2.1　任意流程的网状结构图

小学做笔记的反例

小学反例中的年级、学习目标与以上正例中的相同。这位教师在使用笔记法时犯了一个最常见的错误。看你在观摩她的课堂时能否找出其所犯错误。

> 同学们，下午好。今天我们要了解亚伯拉罕·林肯的生活。首先，我将给你们一些关于美国第16任总统的重要信息。然后，我会播放一个短片。最后，你们将与同伴一起创建一个任意流程的网状结构图，其中包含你们学到的有关亚伯拉罕·林肯的所有信息。

在这个反例中，教师要求学生记录他们学习的一切，无论这些信息是否重要。她忽略了提醒学生需根据细节的重要性将信息放进相应大小的圆圈内，学生的任意流程网状结构图变得难以规范。由于教师没有引导学生分析和综合关键内容，学生也难以总结出有关林肯总统的最重要内容。

中学做笔记的正例

中学的正例是教师在高中科学课堂上教授元素周期表。学习目标是：原子结构模型和原子尺度上电荷之间的相互作用可用于解释物质的结构和相互作用（包括化学反应和核过程）；元素周期表的重复模式反映了外部电子的排布模式；一个稳定的分子所具有的能量比组成它的被分离的原子的能量小，必须至少提供这种能量才能使分子分离。（NGSS Physical Sciences Grades 9–12: Structure of Matter, Nuclear Processes）

在这个例子中，教师首先呈现一些有关元素周期表的信息，明确学生需要了解的一些关键信息以及如何阅读这些信息。

> 同学们，上午好。今天，我们将深入探讨元素周期表的令人着迷的复杂性。首先，我们将重点关注周期表的结构以及如何理解不同的部分。我希望你们用想要记住的关键信息构建一个非正式提纲。在非正式提纲中，将最重要的概念写在笔记的最左边，将支撑概念缩进记录。你们可以在我演示的时候开始写提纲。不过像往常一样，在我讲完之后，我会给机会让你们分组讨论，并且给你们额外的时间用来钻研提纲。

在简短介绍之后，教师提供了一些关于周期表的信息。然后，她给学生时间分组讨论（加工）所学的东西。讨论时间结束后，给学生一些时间来创建或完成非正式提纲。图 2.2 就是描述化学元素周期表的一个非正式提纲。

化学元素周期表

Ⅰ. 族是指周期表中的垂直列

A. 18 族

B. 一些族包含性质非常相似的元素

C. 价层电子数确定族

Ⅱ. 周期是指周期表中的水平行

A. 7 个周期

B. 一些周期也表现出相似的特征

C. 价层电子总数决定周期

Ⅲ. 元素按原子序数递增的顺序列出

A. 原子序数为质子数

[经许可转载自马扎诺与布朗的文章（Marzano & Brown，2009）]

图 2.2　非正式提纲的示例

中学做笔记的反例

在这个例子中，教师以同样的方式开始上课。注意他所犯的常见错误。

同学们，上午好。今天我们要了解元素周期表。我们要讨论元素周期表的结构以及如何理解表中不同的部分。我提供一个非正式提纲，其中包含你们应该知道的关键信息。像往常一样，我在讲完之后，会给你们机会分组讨论。

在简要介绍之后，教师分发非正式提纲，并提供一些有关周期表的信息。然后他给学生时间分组讨论（加工处理）所学的东西。

在这个反例中，教师给学生提供了非正式提纲，却没有给他们机会独立地或与同伴一起拟定提纲。提纲由教师提供给学生，这样学生就没有机会分析和整合所获得的信息，并确定哪些是关键信息，哪些不是关键信息。

➔ 确定学生是否能用笔记记录和表征知识

监控预期结果是实施教学策略的关键。记录和表征知识的预期结果是学生能够以准确的方式理解和表达学习内容。如果你已经教了学生如何做笔记，那么这里有一些方法可帮助你监控学生做笔记后对关键内容的理解情况：

◇让学生上交笔记以表明他们已经理解并准确记录了相关内容。

◇学生笔记包含有关内容的关键信息。

◇学生可以使用笔记来解释这堂课的要点。

◇学生上交的结课便签包含他们在课堂上所学到或记录的三个最关键信息。

表 2.1 是学生做笔记的熟练程度量规，可以根据需要对其进行调整。你可以用它来了解学生用笔记记录、理解重要信息方面的能力。

表 2.1 学生做笔记的熟练程度量规

新手入门	基本掌握	预期达标
学生做了笔记，但并没有弄清楚这堂课的重要思想或细节	学生能够做笔记，弄清了这堂课的重要思想，却缺少细节	学生成功地做了明确这堂课的重要思想或细节的笔记
学生做了包含所有信息的笔记，无论该信息是否关键	学生可以做笔记，内容包括这堂课某些但不是全部的重要思想和细节	在没有同学或教师的帮助下，学生可以成功地做笔记，总结这堂课的关键信息
没有同学或教师的帮助，学生无法做笔记并总结这堂课的重要信息	学生可以用自己的话写出简单的总结，但需要教师的帮助	学生可以向同学或教师解释笔记中对关键信息所做的总结

开展支架教学和拓展教学满足学生的需求

当你可以更熟练地向学生展示如何通过做笔记记录和表达知识时，你会发现与之前的教学相比，你可以更容易弄清楚个体或小组学生还有哪些需求，或有哪些不同的需求。有些学生需要帮助和支持，这样他们就可以从现有的水平提升到所期望的水平。其他学生则需要接受挑战：教师要求学生用其他一些方法与关键内容进行互动。教师可以基于以下建议，根据学生的需求对自己的教学策略进行调整。

支架教学

当学生难以识别中心思想和细节，并将其写入笔记时，请尝试用以下方法来调整教学。

◇将一些可以帮助学生做笔记的材料张贴出来，方便学生做笔记时参考。这些材料可能包括：（1）先前描述过的一些做笔记的方法，方便学生理解相关定义；（2）供学生参考的笔记模板，有些学生在编写非正式提纲时还需要一些额外的帮助，如怎么编号、怎么缩进；（3）用学生易懂的语言编写的分步指导。

◇提供填空形式的、有指导说明的笔记，其中已由教师填入了一些信息。学生对教师所呈现的关键信息或所讲解的关键内容进行精细加工之后，需要在空白处填入相应答案。

拓展教学

对某些学生来说，你给他们布置的任务可能要比给班上其他同学布置的任务要多。以下这些方法可以帮助你拓展做笔记的常规任务：

◇要求学生将记录的信息按主次顺序排列。

◇要求学生用自己的语言写出重要词语的定义。

◇要求学生从课文中选出一个想要进一步研究的要点，然后针对关键内容拟定初步提纲。

第二部分
非语言表征

非语言表征通过使用语言之外的方法来描述概念的关键信息。图形和视觉表征、戏剧扮演和助记符手段等都可以增强学生对信息、技能和程序的理解和处理。当与语言表征（如总结和笔记）配合使用时，这些方法将为你提供一套强大的工具，帮助学生分析和整合内容并记住关键信息。

第二部分包含四种方法，告诉你如何教学生使用非语言的方式表征知识并进行示范。

教学方法 3　图形组织者

图形组织者是关键内容的非语言表征。教案中包含图形组织者，但是你可能会经常忘记向学生说明使用图形组织者的目的并向他们示范。你可能经常假定学生理解图形组织者，因为每堂课都在用。然而，使用图形组织者的关键并不是要把它们弄得多花哨或是你要花费多少时间来设计它们。其关键在于，图形组织者应该帮助学生组织新知识，使学习更有意义、更难忘。如果使用特定图形组织者后，学生无法对内容进行总结和解释，你需要返回绘图板（不一定要开发新的图形组织者）评估自己直接教授和示范学生如何使用图形组织者的有效性。

学生使用非语言的图形组织者记录知识，这些图对应于信息中常见的特定模式。如果一开始学生对该方法感到陌生，教师必须选择最好的图形组织者来表征信息。教师需要教学生如何使用各种视觉工具和图形组织者。在对使用不同类型的图形组织者的目的以及如何使用它们有了更深入的了解之后，学生最终将能够根据任务独立地确定最佳的图形组织者。

如何有效地使用图形组织者

要想有效地使用图形组织者，在教学中必须做到以下几点：

◇理解总结与图形组织者的关系。

◇把图形组织者的关键属性教给所有的学生。

◇选择与学习内容、学生年级相匹配的图形组织者。

◇教所有的学生学会使用你将在课堂上经常用到的每个图形组织者。

理解总结与图形组织者的关系

图形组织者的本质在于帮助学生的大脑更有效地处理和记住关键内容。当学生对过程、历史事件或二百页的小说创建一页视觉表征时，可以减少大脑尝试一次记住太多东西时可能出现的认知超负荷。在图形组织者上记下中心思想或重点细节之后，学生的大脑可以自由地思考下一步。图形组织者能非常有效地帮助学生执行本书前面提到的总结步骤。一旦听了课堂讲解或阅读了课文，图形组织者会强迫学生想办法分块（将信息分成图中的若干部分）、缩减（略去微不足道的信息，因为图形组织者不会提供足够的空间）和概念化（思考最符合图形组织者要求的单词和短语）。

总结往往是使用单词记录知识的一种方法。大量的单词会在页面和读者大脑中占很大的空间。剩下的可以用于分析和总结课文的工作记忆极少。使用图形表征进行组织是一种独特的总结方式，与用纯文字形式的总结相比，它所使用的单词会少很多。将关键词和短语放在流程图、图表、概念图及数百种其他类型的图形组织者的形状和设计中，为学生提供学习和记住关键内容的新方法。当你开始教学生在高年级如何使用或者最终设计自己的图形组织者时，请记住采用图形组织者的方式对知识进行归纳是另外一种总结方式。事实上，对于那些总结有困难的学生来说，图形组织者就是一个非常不错的选择。

把图形组织者的关键属性教给学生

以下是图形组织者的一些关键属性：

◇图形组织者旨在传达关于某些学科和某些类型的课文结构的信息。可以设计不同类型的图形组织者与不同类型的课文结构相匹配。不妨设想一下，我们可以采用图形组织者对一篇作者没有进行任何对比的文章做对比。

◇图形组织者有一定的文本框架。其中包括问题、类别、术语或概念，旨在告诉学生他们应该在一些几何形状、线条和箭头上填入何种信息。考虑一下如果缺少文本框架，你最喜欢的图形组织者看起来会像什么样子。文本框架使图形组织者生动起来，并可以确切地告诉学生他们在听课或者是在阅读一篇课文时自己应该从中寻找什么。若要准确完成一个图形组织者，就必须对一些专业术语有扎实的理解。

◇有些图形组织者大家都非常熟悉，它们与其开发者是紧密联系在一起的。其中有个弗瑞尔模型（Frayer Model）就是由一名威斯康星大学教授开发的，旨在帮助她的学生记忆词汇（参见“资源 A.9”）。你和你的学生可以设计自己的图形组织者，但请注意确定文本框架要表达什么，哪些类别的信息需要放在框架中，以及要用图形组织者说明哪些问题。

◇图形组织者使用各种专业学术术语。你可以假设学生准确地知道它们的意思，尤其是当学生年龄够大时。然而，以下是一些用在图形组织者中文本框架的常用术语：同义词、反义词、事实、话题、概念、主要思想、细节、中心思想、关键信息、情境、后果、原因、影响、相似之处、差异等等。如果学生不知道文本框架的标签是什么意思，以及设计的图形组织者到底要回答有关新学内容的哪些问题，那么使用图形组织者于他们而言则毫无意义。

◇图形组织者是对学生非常有价值的学习工具，可以伴随他们度过不同年级，直至上大学或参加工作。但是，你可能需要让学生相信逐步掌握这种方法的价值，以便他们能选择自己的图形组织者，并更有能力管理自己的学习。

表 3.1 展示的是课堂上给学生介绍图形组织者的一般概念。这节课假定学生缺乏图形组织者的使用经验，因此适合低年级学生或那些有阅读困难的高年级学生。

表 3.1 讲解图形组织者的教案

步骤	讨论
在智能板或屏幕上投射几个简单的图形组织者（不需要一般的框架）。展示几个你可能会和学生一起使用的图形组织者	让学生看看空白无框架的图形组织者，并问他们：“有谁能告诉我这些是什么？”有些学生可能会猜到它们是数学课的一部分。其他人可能认为你打算向他们展示如何使用几何形状绘制动物。希望有一两个学生认识这些图片，并将其命名为图形组织者
给图形组织者下一个便于学生理解的定义	图形组织者是口头表达的视觉插图。换句话说，图形组织者是说明所写或所说内容的图片。你可以使用此定义，直至意义表达得流畅。学生需明白，图形组织者的目的是将很多单词转换成一个用少数几个词组成的简单的图片

（续表）

步骤	讨论
问学生：“你有没有注意到黑板上有关图形组织者的任何事情？”	希望有人会认识到图形组织者没有文本框架。缺少提示学生在图形组织者的不同地方应该写什么信息
切换幻灯片，使其能显示前一个带有文本框架的图形组织者	此时要向学生指出，填写图形组织者时，必须知道所有单词（文本框架）的含义。如果不理解单词，他们将无法完成该图。就预读的学生而言，他们可能还不能流利地阅读课文，请务必解释并显示需要在图形组织者上绘制或撰写的信息示例
在下一张幻灯片中，用已完成的图形组织者向学生展示它应该是什么样子的	为预读的学生设计一个示例图形组织者，其中要包含学生容易认识的图片。例如，使用含有四个大长方形的图，分别写上以下标签：主要人物、背景、问题和解决方案。画出你最近朗读的故事，让学生们看到如何用画图来完成这样的图形组织者 对于年龄大些的学生，使用一个故事图板，可让学生说明小说中的各种场景或部分。例如，结合盖瑞·伯森（Gary Paulsen）的小说《斧头》，教师可以找到说明故事中五大场景的照片：乘坐飞机、湖中坠机、旷野生存第一部分、旷野生存第二部分和救援
总而言之，要求学生用其中的某个图形组织者来将你朗读过的故事或者语言艺术课上学生正在阅读的小说形象化	本教案主要以记叙文为例，但这些原则同样适用于你计划与学生一起使用的任何内容或图形组织者。每堂涉及图形组织者的课结束时都要让学生使用它的信息做简短的总结

选择与学习内容、学生年级相匹配的图形组织者

当考虑哪些图形组织者最适合哪些年级和哪些内容时，请参照以下表格。表 3.2 详细地描述了一些最常见的图形组织者，并指出你可以在本书中哪些地方找到它们（在“资源 A”或课堂示例中便可以找到）。

表 3.2 常见的图形组织者

名称	描述
类比图	使用此图将新知识与熟悉的概念联系起来。例如，将作为人体组成部分的细胞比作建筑物的砖块和木材。请参阅“资源 A.4”中的模板
原因与结果图	使用此图来识别和分析事件或过程的原因和影响。请参阅“资源 A.5”中的模板
分列图形组织者	使用此图将信息分组。使用的列数取决于所进行的分类。请参阅“资源 A.6”中的模板
概念图	使用概念图做课堂笔记，指导阅读作业，将它作为测试准备的学习指南，作为帮助撰写课文总结的工具，或作为对每堂课所讨论的概念的持续总结和回顾。在概念图中，学生确定关键概念，并用显示其关系性质的连接词将其连接在一起。参见图 3.1 中的示例概念图
描述性图	使用此图来表征关于特定人物、地点、事物和事件的事实。请参阅“资源 A.7”中的模板
事件图形组织者	使用此图记录特定事件的信息（诸如诺曼底登陆的历史事件）。请参阅“资源 A.8”中的模板
弗瑞尔模型	使用此图来阐述和拓展特定的单词或术语。该图包括以下几方面：（1）词的定义；（2）单词的实际用法或特征；（3）单词的例子或反例。请参阅“资源 A.9”中的模板
概括性图形组织者	使用此图来比较证据，看看它们有什么共同之处，然后根据这些证据进行真实的陈述。请参阅“资源 A.10”中的模板
简单故事图	使用此图绘制一个故事的开始、过程和结尾。请参阅“资源 A.11”中的简单故事图模板
时间序列（顺序链或事件链）图形组织者	将此图用于涉及具有明确的开始、过程和结尾的时间序列事件的主题。请参阅“资源 A.12”中的时间序列模板
词语网	使用此图精细加工理解新内容所必需的关键词的意义。请参阅“资源 A.13”中的词语网模板和图 3.2 中完整的词语网

表 3.3 列出了适合课文、数学内容，以及适合特定内容的图形组织者。选择与你的教学内容最适合的图形组织者。它需要与作者写作的文章结构以及说明文或记叙文等文体相匹配。如果关键内容以历史顺序呈现，那么图中

就应该按时间顺序安排。如果课文比较了几个地理位置，那么比较或对照组织图是最好的选择。如果针对你正在讲解的课文或讲授的内容选择了错误的图形组织者，那么它对学习的积极影响将荡然无存。如果想对表 3.3 中的图有更多了解，使用你最喜欢的搜索引擎，输入其名称即可找到。

表 3.3 可用于课文或讲授内容的图形组织者

用于非小说类内容的学习（说明文）	用于小说类内容的学习（记叙文）	用于数学学习
类比 因果 命令链 事件链 图表 比较或对比矩阵 概念图 连续量规 填字游戏 周期 图 蕴含网格 鱼骨图 流程图 弗瑞尔模型 网格 等级制度 历史人物角色图 人际互动大纲 生命周期阶段 网络树 语义特征分析 语义字图 蜘蛛图 时间轴	因果 概念图 矩阵 网络树 图片 问题或解决方案大纲 难题 总结接力 语义特征分析 语义字图 系列活动链 蜘蛛图 故事框架 故事语法 故事图 说说图 时间轴 维恩图 网 为什么 / 因为追求图	图表 概念图 简图 方程 图像 矩阵 图片 语义特征分析 语义字图

[经许可转载自麦克尤恩的文章（McEwan，2007）]

常见错误

鉴于学生的多样性以及所要教授的关键内容的复杂性，使用该方法时出现错误几乎是不可避免的。但是，事先了解可能存在的陷阱有助于避免这些错误的发生。当教师尝试帮助学生学习如何使用图形组织者对知识内容进行表征时，可能会出现以下常见错误：

◇教师不教学生如何使用图形组织者。

◇教师没有为学生提供足够的时间来加工和总结内容，并完成图形组织者。

◇教师为学生提供完整的图形组织者。

◇在讲解大量新信息时，教师要求学生完成一个图形组织者，而没有在创建图形组织者之前给他们时间来加工和推敲。

◇教师要求学生将一个概念的所有信息都纳入图形组织者中，而没有区分哪些是关键信息哪些不是。

◇教师为学习内容提供不适当的图形组织者类型。

使用图形组织者的正例与反例

以下是两组有关在课堂上使用图形组织者方法的正例和相应的反例（一个小学的和一个中学的）。在阅读示例时，请记住在使用此策略时可能会犯的错误，并思考每个示例中记录和表征知识的预期结果，以及教师应该如何监控。

小学使用图形组织者的正例

在本例中，五年级学生正在学习物质的状态。学习目标是：任何类型的物质都可以细分为小得看不见的粒子，但即使这样，物质仍然存在，并且可以通过其他方式检测验证。展示气体由小得看不见的并且在空间自由移动的物质颗粒形成的示范可以解释许多观察现象，包括气球的膨胀和形状以及空气对较大颗粒或物体的影响。（NGSS Physical Sciences Grade 5: Structure and Properties of Matter）

同学们，上午好。今天我们要学习物质的状态。首先，我们将观看讲述不同物质状态的视频。然后，你们分小组讨论从视频中学到的东西。就今天的记录活动而言，我们将学习如何创建概念图。概念图与我们使用的许多图形组织者不同。概念图不仅需要识别关键概念，而且还要通过在图形组织者的线上写连接词来显示图中的各个概念如何相互关联。我将展示使用计算机软件创建的一个非常简单的概念图。如果你喜欢各种各样的爬行动物，你可能已经读了几十本和它们相关的书。你会非常熟悉这些概念，你可以看到关于爬行动物的各种概念如何相互关联。请注意，你们选择的连接词必须形成一个描述两个概念之间关系的简单句子。

（教师在屏幕上放映图 3.1，请参见第 47 页）。

教师播放有关物质状态的视频。然后，全班同学分小组讨论自己认为的视频要点。继小组讨论后，教师组织全班讨论，以便阐明一些关键概念。教师在大型展板上创建概念图，学生们将在第二天的课堂上学习连接词。

小学使用图形组织者的反例

小学使用图形组织者的反例中所涉及的年级、学习目标都与正例中的相同。然而，反例中这位教师在应用图形组织者进行内容与知识的表征时犯了一个最常见的错误——没有教学生如何创建图形组织者并缺少示范。

同样，教师先是简要介绍，随即让学生观看视频。教师让学生立即完成概念图，而不是先进行小组讨论或全班讨论。在此反例中，教师要求学生对这一概念的理解直接进行表征。由于没有进行小组讨论，学生没有对学习内容进行处理，他们也没有通过全班讨论对内容进行精细推敲，所以在表征自己对概念的理解时无法获得任何帮助。

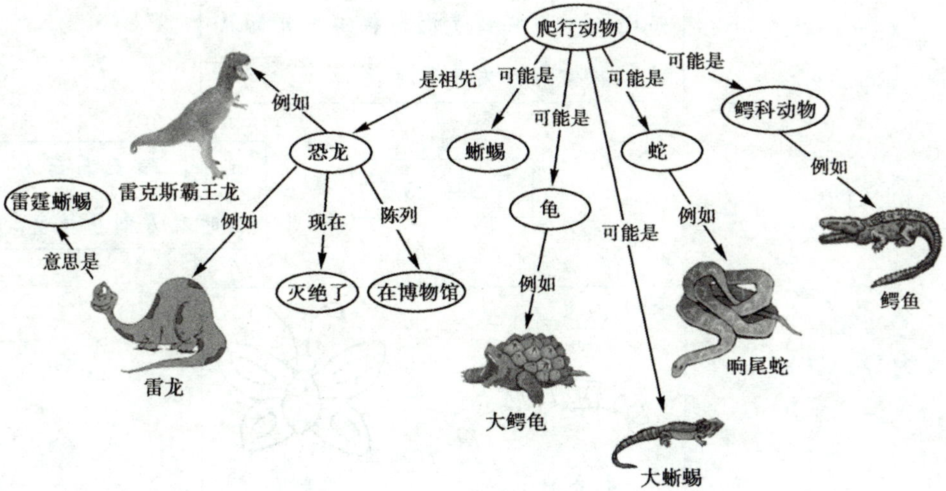

图 3.1 概念图样例

中学使用图形组织者的正例

第二个例子是教师在课堂上教学生如何确定说明文中单词的词义。学习目标是：弄清楚课文中所使用的单词和短语的含义，包括比喻义、含义和术语的意思。（参见 CCSS ELA & Literacy, Reading-Informational Text Grade 6）

> 同学们，上午好！你们在学校每天面对的最有挑战性的事情之一是在这个课堂上学习所有的新词语。有时候你们可以记住词语表中的词语，但通常情况下记住其定义之后，你们仍然不理解其含义。今天，我们将和同伴齐声朗读一段《科学》课文。我希望你们在朗读时寻找我们今天的新词：转变。要特别注意这个新词出现的地方。请注意该词是否在某个地方被定义过，课文是否给了这个单词什么特殊信息。当我们读完这段文字以后，我希望大家就我们所讨论的一个术语完成一个词语网络图。我将会发一个模板供你们使用。

图 3.2 展示的是通过单词“转换”而形成的词语网络图。

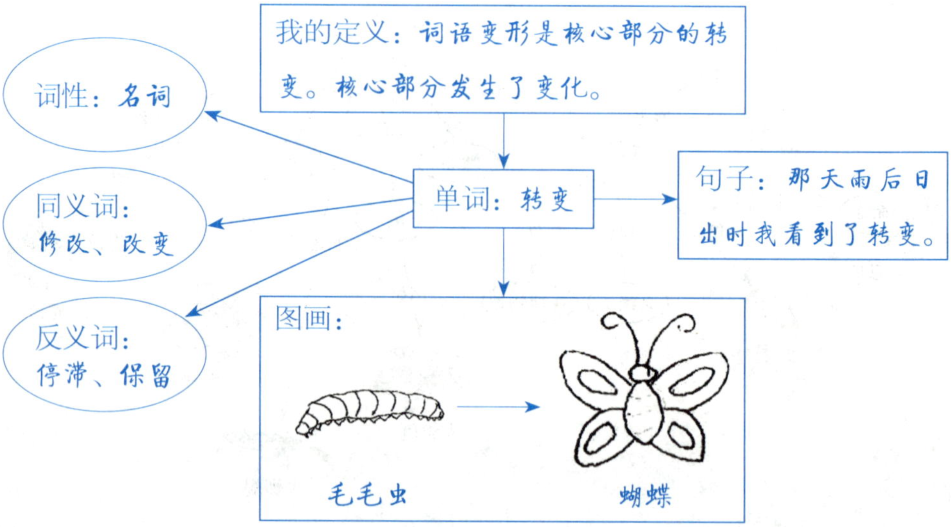

图 3.2　借助词语转换而形成的词语网络图

中学使用组织图的反例

反例中的教师开始授课的方式与正例中的教师相同。请注意教师在什么地方犯了错误，该错误又是如何让学生无法从图形组织者中得到知识的认知与加强记忆的。

> 同学们，上午好。今天我们一起朗读一下《科学》课文。朗读时，我会停下来，然后讲解对同学们来说可能是新的术语。如果听到一个你不确定的词语，请写在白板上，以便引起我的注意。当我们读完这章时，我希望你学着为我们讨论的一个术语——“转变”制作词语网组织图。我会发放完整的词语网络图。

在这个反例中，教师把图 3.2 所示的完整的词语网络图提供给学生，而学生没有机会自己完成词语网络图。因此，学生自己无法完成对信息的分析与整合任务。

确定学生能否用图形组织者表征知识

学生在图形组织者上记录重要内容时，你可以通过以下方式进行监控：

◇要求学生参与独立思考、两两配对、共同分享。思考是指完成图形组织者。随后学生与其他同学配对，并与大家分享自己的图形组织者。教师在教室里来回走动，倾听学生的对话，以此确定他们是否已经掌握了重要信息。

◇要求学生将完成的图形组织者附在学术笔记本上，并在课后查看每本学术笔记本。

◇要求学生完成 A—Z 句子总结。在教学或阅读结束后，从字母表中指定一个字母，要求学生以指定的字母开始，创建一个一句话的教学或阅读总结。学生可以以配对、分享的形式与同学分享他们的一句话总结，在黑板上醒目的形式展示（学生在白板或展板的指定位置张贴作业）等。

表 3.4 是学生创建图形组织者的熟练程度量规。教师可以使用该量规，并可以根据需要进行适当调整，以此确定学生对关键信息进行准确编码能力的提升情况。

表 3.4 学生创建图形组织者的熟练程度量规

新手入门	基本掌握	预期达标
学生完成了图形组织者，但他们没有弄清这堂课的主要思想或细节 学生完成包括所有信息（无论是否关键）的图形组织图 没有同学或教师的帮助，学生无法完成总结这堂课的关键信息的图形组织者	学生可以完成图形组织者，弄清了这堂课的主要思想，但没弄清辅助细节 学生可以完成包括某些主要思想和细节的图形组织者，但不能解释他们的图形组织者所显示的关系	学生可以成功地完成能准确表征这堂课的主要思想和细节的图形组织者 学生能够向同学或教师解释他们的图形组织者所显示的关系

开展支架教学和拓展教学满足学生的需求

教师有必要了解学情并提前规划如何满足学生的需求。通常情况下，用来帮助个别学生的支架教学和拓展教学可以在全班使用，以便所有学生受益。

支架教学

◇把已完成的图形组织者示例张贴在展板或教室墙上。

◇展出不同类型的图形组织者并解释它们的目的。

◇把学习有困难的学生与成绩好的同学配对，以便他们一起完成图形组织者。

拓展教学

◇要求学生针对特定模式或特定类型的知识创建自己的图形组织者。只有当学生非常清楚图形组织者的目的以及正在学习的概念时，教师才能进行此类拓展。

教学方法 4　图画笔记和象形图

每个教师都听过这则俗语：一图胜千言。也许学生创作的表征信息的图像无法完全表达出千言万语的实质，但它们绝对是表征某种信息的重要方式。以图像来表征内容有许多方式，包括照片、画图、绘画和其他类型的美术形式。然而，表征关键内容的两个最强大和最易于使用的图像法是图画笔记和象形图。图画笔记通常用作书面笔记的插图。然而，如果能充分表征关键内容，例如科学过程的快速绘制图或文学作品的场景，图画笔记则可独立出现。

象形图有两种格式。第一种格式是以“统计图”形式对统计数据进行视觉表征。一个象形图上有几个小方框，方框内有某一对象的一些插图，这种象形图可以快速传达“是什么”（如汽车、苹果、幼儿园的孩子等）及“有多少”等信息。与言语表述或数学图表相比，象形图留给我们的印象更加深刻。如果大量学习内容都被图像化，最好附上一个简单脚注解释一下，因为“一图胜千言甚至万言”。

象形图也可以是图形系统中的一些符号，例如交通部制定的符号系统，就可以表示公路和公共场所的位置。不管个体的英语理解能力如何，这些图形大家都可以看懂。最近，象形图开始与简笔画联系在一起，比如人或动物的简单草图，曲线和点与古老洞穴墙壁上发现的象形图类似。绘制简单的象形图不需要具备特别的艺术天赋。使用图画笔记的好处是，所有学生都知道绘制图画的意义（虽然每个人的艺术天赋有所不同），而且如果用新颖的图画表征知识，学生在表达自己对某一概念的表象时会有更大的灵活性。此外，通过象形图，你可以即刻了解学生对某一特定概念的理解程度。

如何有效使用图画笔记和象形图

有效使用图画笔记的一种方法就是，在一节课内每呈现一部分信息，就要求学生绘画出相应的图并与同伴分享。在一堂课结束时，教师要求学生绘制一张图以巩固他们在课堂上所学的内容。让学生在图下面写下一个总结性的句子也非常有用。学生可以在特定模板或学业笔记本上绘图。

象形图经常用于数学或科学学科（这些学科领域中象形图的例子很多），也可以用于其他学科。在象形图中，学生使用符号来表征重要思想或重要信息。从一个象形图我们可以知道故事中事件发生的先后顺序。图 4.1 是一个简化的例子，展示了一个学生如何描述发生在故事中人物身上一些事件的先后顺序。

图 4.1　象形图实例

常见错误

许多教师都有过这样的经历：课堂上一开始就搞砸了，结果自己心情郁闷。课堂上使用图画笔记和象形图时，经常需要避免以下一些常见错误：

◇教师没有给学生足够的时间，甚至根本不给学生时间加工总结知识、绘制图画笔记或创建一幅象形图。

◇教师一边呈现某一部分的新信息，一边要求学生同步完成图画笔记和象形图，而不是先给他们时间对信息进行加工和推敲。

◇教师为所有学生提供完整的图画笔记或象形图。

◇教师要求学生用图画笔记或象形图将某一概念的所有信息都涵盖在内，而没有让学生对信息进行主次划分。

◇教师过分强调学生的艺术技能和学生绘画的素质。

在课堂上使用图画笔记和象形图的正例和反例

以下是课堂上使用图画笔记和象形图方法的两组正例和反例（一组是小学的，一组是中学的）。教师一定要思考如何监控每个例子中记录和表征知识的预期结果。

小学使用图画笔记和象形图的正例

在这个例子中，学习目标是：使用 20 以内的加法和减法来解决一些应用题，运算中需要加、减、合并、拆分、比较，每一情境下都会有未知数。例如，使用实物、图示及带有未知数的方程式表征问题。（CCSS for Mathematics for Grade 1）

> 同学们，早上好！今天我们要学习如何解应用题。我们将使用象形图来帮助我们准确了解该应用题要求我们做什么。我给你们的讲义是一个有助于你们创建象形图的模板。在象形图中，你可以使用图片来表征应用题中的信息，以便更容易解题。我们将一起钻研第一个应用题。该应用题告诉我们，一月份卖了 4 盒蓝莓，二月份卖了 9 盒，三月份卖了 5 盒，四月份卖了 2 盒。我们需回答的问题是：在今年的头四个月里，卖了多少盒蓝莓？我们要创建一个象形图来帮助我们找出答案。在以下的例子中你们可以看到我如何使用象形图来表征每月所卖多少盒蓝莓。在我的象形图中，我要在第一行画 4 盒蓝莓（见表 4.1）。

表 4.1　象形图示例：蓝莓的月销售量

一月	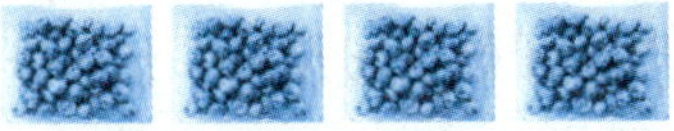
二月	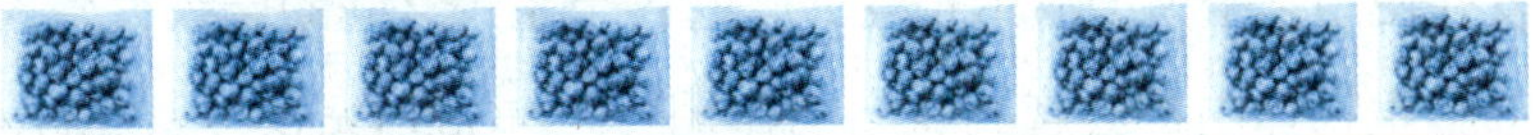
三月	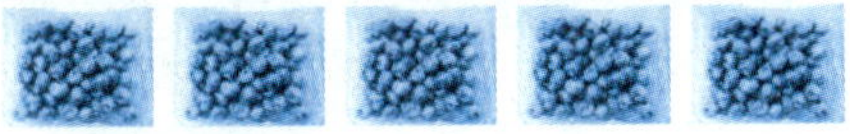
四月	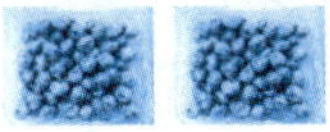

教师在和学生一起画完第一行后，她要求学生帮她完成第二行象形图，以显示二月份卖了多少盒蓝莓。然后她要求学生与他们的同伴一起完成三月和四月的象形图。接下来，她要求学生使用象形图中的信息来回答几个问题：（1）这四个月一共卖了多少盒蓝莓？（2）哪个月卖的蓝莓最多？（3）哪个月卖的蓝莓最少？

小学使用图画笔记和象形图的反例

此反例中的授课内容与上面一样。请找出该教师执行这个策略时的错误。

> 同学们，上午好。今天我们要学习如何解应用题。我们将使用象形图来帮助我们了解该应用题要求我们做什么。我给你们的讲义是一个有助于你们创建象形图的模板。在象形图中，你可以使用图片来表示应用题中的信息，以便更容易解题。该应用题告诉我们，一月份卖了4盒蓝莓。希望你们首先在象形图的第一行画4盒蓝莓，表示一月份所卖的4盒蓝莓，然后画完象形图中的其他行，最后你可以算出所卖蓝莓的总盒数。

在这个反例中，教师没有直接教学生如何使用象形图来表示所卖蓝莓的总盒数并进行示范。根据每个学生对象形图的理解，教师可能会得到许多不同的解释或表征，但是使用象形图展示并解释应用题的好处无法体现，而这恰恰是本堂课的目标。

中学使用图画笔记和象形图的正例

在中学的示例中，高中科学课上学生开始学习循环系统。学习目标是：开发并使用某个模型演示相互关联的各个系统之间的层级关系，这些系统在多细胞生物体内都会起到特定的作用。（NGSS Grade 9–12: From Molecules to Organisms）

同学们，下午好。今天我们将继续研究循环系统。我已布置了阅读本章第一部分的家庭作业，并要求你们在课前记下一些关键词和观点。现在，我要你们重读这一部分。当你们重读时或读完后，要创建一个图画笔记，以表示你们从课本中学到的有关循环系统的关键信息，并在图画笔记下方添加总结。接下来，我将给你们三十分钟完成阅读和画图。三十分钟后，你们会有时间与小组分享图画。如果彼此分享后你们认为有必要的话，可以在图画笔记上添加其他信息或进行更改。

在这个例子中，教师给学生适当的时间来创建他们的图画笔记，并且通过在教室里来回走动、与学生单独交谈来监控预期的结果。图 4.2 展示的是一个学生的图画笔记样例。

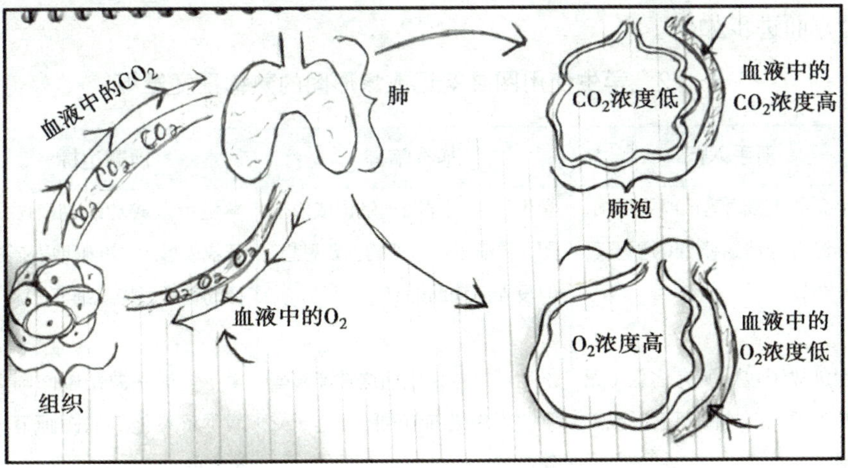

图 4.2 表示循环系统的图画笔记

中学使用图画笔记和象形图的反例

反例中的授课内容和图画笔记与正例相同，但有一个关键的区别：教师告知学生，画得马虎或画得不好的笔记要扣分。绘制图画笔记或象形图的目的不在于画得如何整洁或如何好，而在于用它们对学习内容包括主要观点和一些相关细节进行恰当的表征。

确定学生能否使用图画笔记或象形图表征关键内容

以下一些方法可以用来监控学生是否达到预期结果：

◇在教室里来回走动，检查学生的图画笔记或象形图是否表征了关键内容。

◇收集图画笔记或象形图，并检查学生是否准确表征了关键信息。虽然这项作业可能不会打分，但它可能包含一些对可能遗漏的关键内容的反馈。

◇让学生在白板或公告板上指定的位置张贴他们的图画笔记或象形图。

◇进行小组讨论，以发现学生在此过程中学到的关键内容。

教师可参照表 4.2 来确定学生在使用图画笔记或象形图表征关键内容的能力方面进步如何。

表 4.2　学生使用图画笔记或象形图的熟练程度量规

新手入门	基本掌握	预期达标
学生会创建图画笔记或象形图，但并没有弄清这堂课的重要思想或细节 学生创建了包括所有信息（无论是否关键）的图画笔记或象形图 没有同伴或教师的帮助，学生无法创建表征这堂课重要信息的图画笔记或象形图	学生可以创建图画笔记或象形图，弄清了这堂课的主要思想，但没弄清辅助细节 学生可以创建包括这堂课某些重要思想或细节的图画笔记或象形图	学生可以成功地创建图画笔记或象形图，准确地表征这堂课的重要思想或细节 学生能够在总结中向同学或教师解释他们的图画笔记或象形图

开展支架教学和拓展教学满足学生的需求

如果你提前设计支架教学和拓展教学，那么你将更有可能在课堂上根据学生的需求来调整教学。这里有一些支架教学和拓展教学的方法，有助于学生理解使用图画笔记或象形图来表征知识的主要目标。该过程将使他们能够理解和记住关键内容。

支架教学

◇张贴学生创建的图画笔记或象形图，让学生能借以评判自己完成的任务。

◇如果学生很难确定哪些信息需要用自己的图画笔记或象形图表征，那就请与他们单独面谈或以小组形式面谈，以便给他们更多的帮助。

◇对于创建视觉表征有困难的学生，给他们提供计算机软件生成的图像。可以把这些图像剪下来贴在纸上供他们使用。教师需要提供大量的图，这样学生在借用这些图表征学习内容时可以表现出自己的创造性。

拓展教学

◇使用更先进的软件对关键信息进行更专业的表征，其中可能包括动画。

◇让能够较好地表征信息的学生向小组或整个班级进行演示。

教学方法 5　戏剧扮演

在戏剧扮演中，学生扮演角色或展示各种场景、过程或事件。学生也可以将一些关键内容表演出来或将其符号化。戏剧扮演可以激发学生的学习动力，让学生积极参与，帮助其记忆知识。学生在接受关键信息后把内容表演出来，就更有可能记住信息。学生可以从解释戏剧扮演与关键内容之间的联系中得到最大收获。

如何有效实施戏剧扮演

戏剧扮演的方式有多种，它可以是呈现一个读者剧场，也可以是演出某一过程。要有效实施这一策略，让学生达到预期结果，应该有组织地、周密地计划，以保持学生的注意力，并制定具体的规则和程序来管理活动。例如，每个学生都应在戏剧扮演中有明确的角色或责任。以下是对一些戏剧扮演方法的描述，可供教师在课堂上使用。

◇读者剧场：读者剧场是文字作品的戏剧性呈现。学生分别阅读“脚本”的不同部分。不需要熟记文字、剧装、舞台场面调度设计或特殊灯光。读者剧场关注的重点是用有表现力的声音和手势来阅读课文，使学生对文字的理解变得有意义、让他们难忘和愉悦。如果要使读者剧场有效和成功，教师必须给学生足够的时间阅读和练习剧本。例如，教师可能会在星期一把剧本给学生，让他们在星期五表演。脚本样本在网上很容易找到。

◇角色扮演：在角色扮演活动中，学生通过演绎部分概念或过程，从而结合动觉来学习。这样会鼓励学生思考动作与概念或过程的联系。教师先展开讨论，进行简要演示或给予大量信息。然后，给学生时间单独或分组来加工与推敲。

本书出版之际（指英文版），可以在伯克希尔博物馆（Berkshire Museum）网站上找到用角色扮演表达科学知识的一个例子。这个例子是有关水循环的。学生被分配为云朵、树木、地面、溪流、湖泊、海洋、水滴等角色，然后，扮演各自在水循环中的作用。

◇模拟：课堂模拟旨在紧密地复制现实生活中的情境，让学生在分析数据、做出决策和解决问题时扮演角色。随着模拟的进行，学生通过研究他们的决定和后续行动的后果，预测未来的问题和（或）解决方案，来应对情境的变化。在模拟期间，学生执行任务的同时也就进行了学习。与记录和表达知识的其他方法一样，教师应该在进行模拟之前，给学生一个处理和详尽阐述新概念的机会。

模拟也可以被看作加工活动。至于被视作记录和表征知识的模拟，它应该包括用来反思和记录的时间，允许学生分享他们的经验。例如，在一个叫作封建酒吧的模拟中，教师让学生扮演了不同的角色，如国王、贵族、封臣和农民，使他们能够弄清欧洲封建社会的社会等级和忠诚度，以及人们为保护、税收等所支付的货币。

常见错误

作为表征关键内容的一种更为独特的方法，戏剧扮演中经常会出现以下一些错误：

◇教师没有指导学生如何将一个概念表演出来。

◇教师要求学生在呈现大量新信息后便进行创造或戏剧扮演，而没有事先给他们时间去处理和推敲概念。

◇教师没有给予足够的时间（或根本没给时间）让学生创造、阅读并练习戏剧扮演。

◇教师要求学生将一个概念的所有信息融入到一个戏剧扮演中，而没有区分哪些是关键信息、哪些不是关键信息。

◇教师没有制定具体的活动规则和程序。

◇教师没有让学生在戏剧扮演后以某种方式总结学习。

课堂上戏剧扮演的正例和反例

戏剧扮演的两个正例和反例是小学的读者剧场和中学生的模拟。想想看，教师如果要监控每个正例和反例中记录和表征知识预期结果该怎么做。

小学戏剧扮演正例

在此例中，二年级学生正在学习寓言和民间故事。教师希望学生能够用自己的话来总结这个故事的核心内容或寓意。学习目标是：叙述各种不同文化的故事，包括寓言和民间故事，并确定其中心思想、经验教训或寓意。学生读了鲁德亚德·吉卜林（Rudyard Kipling）创作的故事《骆驼为什么会有驼峰》——这是二至三年级的建议阅读材料。

教师决定用读者剧场的形式来帮助学生阅读和理解这个故事。在准备过程中，她将故事复印了几份，供学生用作脚本。周一，她发放脚本，解释了活动，并让学生知晓他们会在周五表演这个故事。她提醒他们不必死记硬背脚本，而应专注于用有表现力的声音和手势来朗读课文。在这一周，她给学生时间练习阅读脚本。周五，学生们表演了这个故事，并就故事的中心思想进行了大量的小组讨论。在这节课的末尾，学生们用自己的话来总结中心思想，以此作为小测试。

小学戏剧扮演反例

该反例的学习目标和学习的课文与正例相同。教师事先做了同样的准备。呈现新课后，她告诉学生将有三十分钟的时间来阅读和练习剧本。三十分钟后，他们将表演剧本，并讨论中心思想。

虽然这个活动可能取得了一定的成功，但学生没有足够的时间熟悉脚本、练习语音表达和手势。学生在表演过程中的注意力可能会更多地集中于读对课文，而不是理解故事。若想表演成功，必须要有几天时间熟悉故事，并且在表演时感到愉快。

中学戏剧扮演正例

此例中所使用的模仿方法与上文的会略有不同。一位十一年级的社会科学教师正在给学生讲述 “镀金时代”美国农民的生活状况，这与人类创造、学习、分享和适应文化的主题密切相关。该主题来自 2014 年的《社会研究国家课程标准》第二章——社会研究主题：通过文化研究审视社会传播的群体信仰、价值观、制度、行为、传统和生活方式；文化研究还包括其他文化属性和产品，如语言、文学、音乐、艺术、手工艺品和食品。（National Council for the Social Studies，2014）

此例中，教师讲到关键的地方会停下来，要求学生讨论到此处为止所发生的事情的含义以及学生自己的感受。在暂停过程中，学生使用组合笔记格式记录关键信息。课程结束时，教师通过大量的小组讨论来总结关键信息，从而将所有信息串联起来。然后，教师让学生用一句话总结镀金时代的生活与今天生活的一处相似点，再用一句话总结二者之间的不同点。

中学戏剧扮演反例

反例中的课文与正例相同，教师要求学生同样进行模仿。此例中，在学生的模拟过程中教师没有让学生停下来，也没有在课程结束时进行讨论。没有经过讨论，部分学生可能无法将模拟过程中类似游戏的氛围与模拟所表征的关键信息关联起来。教师错过了一个让学生对关键概念进行精细加工和对学习内容加深理解与记忆的机会。

确定学生是否能通过戏剧扮演理解学习内容

可以肯定的是，如果学生既能记录（通过做笔记和总结）又能准确地表征（重新表演）重要内容的中心思想和主要细节，那么我们才能说戏剧扮演达到了预期结果。

可以通过以下多种方法来监控戏剧扮演的预期结果：

◇采取点名或响应链的方式，确保所有学生参与总结讨论。在响应链中，一位学生详细阐述或澄清另一位学生的想法。这可以确保教师监控所有的学生，而不仅仅是其中部分或多数学生。

◇要求学生完成出门测试纸条，以此方式总结这堂课的关键信息。下课时学生把纸条交给教师批阅。如果有学生没有理解这堂课的要点，教师可计划在下一节课中为这些学生提供进一步学习的机会。

教师可参照表5.1的内容来确定学生通过戏剧扮演达到预期结果的情况。

表5.1 学生在戏剧扮演方面的熟练程度量规

新手入门	基本掌握	预期达标
学生能创作和参与戏剧扮演，但并没有弄清这堂课的重要思想和细节	学生能创作和参与戏剧扮演，并弄清了这堂课的主要思想，但没弄清支撑细节	学生能创作和参与戏剧扮演，并准确地弄清了这堂课的重要思想和细节
学生能创作和参与戏剧扮演，但如果没有同学或教师的帮助，不能总结关键信息	学生能创作和参与戏剧扮演，弄清了这堂课的某些主要思想和细节，但不能就自己的理解写简短的总结	学生能就他们的学习写简短的总结，并向同学或教师解释戏剧扮演如何有助于他总结关键信息

开展支架教学和拓展教学满足学生的需求

用于此方法的支架教学或拓展教学会因设计戏剧表演时的个人偏好而有所不同。在阅读课文、记笔记和做总结时存在困难的学生可能会发现这种方法难以掌握。另外，有些学生则在脚本写作和表演方面有着胜人一筹的本领。他们只需一点点帮助，就可以将获得的信息进行非常准确的口头总结。好好研究一下用于戏剧扮演的简单脚本的写作方法，对那些需要通过一定挑战提高自己能力的学生来说，是一项非常不错的任务。

支架教学

教师可为需要帮助的学生提供的一些支持：

◇先要求学生志愿者参加戏剧扮演，为全班同学做示范，然后再请班上其他同学参加。这有助于学生看到活动的预期结果以及了解它应该是什么样子，使他们更清楚自己的角色和责任。

◇让学生配对扮演同一个角色。这有助于他们相互帮助和学习。为了监控想要的结果，可以让学生用自己的语言总结所理解的关键信息。

◇给出提示或图形组织者，以帮助学生在表演之后，完成总结所需的笔记。

拓展教学

对于那些在戏剧扮演方面想接受更大挑战的学生，可以使用以下拓展活动：

◇招募志愿者为班上其他同学做戏剧扮演示范。

◇分配一个或多个学生负责进行更多的研究或脚本写作。

◇让学生选择一个戏剧化表演中对表征概念至关重要的场景或事件，并解释为什么选择这个场景或事件。

教学方法 6　助记符手段

助记符手段可帮助学生记住和回忆诸如特征、步骤、阶段、组成部分、不同时期等信息片段。与视觉图像相关联的助记符手段（如用符号或替代物表征一个概念）是最强大的记忆工具，学生可以用它来记忆抽象信息。符号可以暗示或提醒学生正在记忆的信息。例如，如果你的名字是卡罗尔·坎贝尔（Carol Campbell），你可能会用两个符号做自我介绍，它们分别代表你的名和姓：“嗨，我的名字是卡罗尔·坎贝尔，就是圣诞颂歌（Christmas Carol）中的‘Carol’和著名食品公司‘金宝汤’（Campbell's Soup）中的‘Campbell’。”替代语指的是便于描绘出相应实物的一个单词，而且该替代语在发音上也类似所替代的概念。

如何有效运用助记符手段

与本书中的其他方法一样，只有在学生完全处理了关键信息后，教师才能使用助记符手段。此外，还要告诉学生什么是符号和替代语，以及如何在助记符中运用它们。讨论了助记符手段之后，再介绍一个助记符手段应用的入门活动（参考“资源 A.14”），它可以帮助学生提高应用各种助记符手段的技能。助记符手段有多种类型，其中包括：

名称助记符

学生用列表中每个词的第一个字母创建一个名称。例如，你可以用ROY G. BIV（Red，Orange，Yellow，Green，Blue，Indigo，and Violet）（赤、橙、黄、绿、蓝、靛、紫）记住光谱中的七种不同颜色。

单词或词组助记符

学生用列表中的词创建一个句子或词组，句子或词组中的每个词的首字母都是用的列表中每个词的首字母。例如，用 Please Excuse My Dear Aunt

Sally（请原谅我亲爱的萨莉姨妈）中每个单词的首字母来表示数学运算顺序 Parentheses，Exponents，Multiply，Divide，Add，and Subtract（括号、指数、乘、除、加和减）中每个词的首字母。

韵律助记符

学生可以通过韵律记住信息。例如表达每个月天数的常见韵律：

Thirty days hath September,
April, June, and November.
All the rest have thirty-one;
Excepting February alone,
Which hath but twenty-eight, in fine,
Till leap year gives it twenty-nine.

学生使用这种特定的助记符来记住一连串的信息或事实。学生还可创造具体的图像或根据字钩法采用与一到十的数字分别押韵的词。这些字钩词代替了数字，并与关键词相关联。下例选自《成为反思型教师》（Marzano，2012a）：

One is a bun　Six is a stack of sticks
Two is a shoe　Seven is heaven
Three is a tree　Eight is a gate
Four is a door　Nine is a line
Five is a hive　Ten is a hen

为了记住一个事实或一条信息，学生可以把它和具体的实物图像联系起来。例如，学生可能想要记住以下关于古埃及文明的信息：

◇埃及文明沿着非洲尼罗河发展。
◇埃及人使用了一种被称为象形文字的书写系统。
◇埃及人建造金字塔作为法老的埋葬地。

> 要记住这些事实，教师可能会推荐使用助记符手段——将它们和“One（数字1）”的图像（一个小圆面包）联系起来。学生可以画一个热狗面包，中间流过尼罗河，面包边上写上象形文字，顶部是金字塔。图像比一连串事实更容易记住。（Marzano，2012a）

图像助记符

学生使用图像表征概念来加深记忆。例如，为了区分钟乳石（stalactite）和石笋（stalagmite），可以画一个洞穴，地上爬着螨虫，洞顶挂着紧身衣。

音乐助记符

学生可以用歌曲或音乐来记忆信息。任何喜欢伴着收音机里的音乐唱歌的人都很可能知道数千首歌的歌词。如果是杂货店的一个产品，人们可能会记得那个产品的叮当声。音乐和歌词扎根于我们的记忆中。让幼儿记住字母表的字母歌就是一个很好的例子。

联系助记符

学生使用这种方法把要学的概念与已知的东西联系起来。例如，为了记住经度（longitude）和纬度（latitude），我们可以将经度里的n与北方（north）里的n联系起来。纬度线的走向必须是东西向，因为纬度“latitude”中没有n。

拼写助记符

学生使用这种助记符帮助自己记忆单词的拼写规则或特例。例如，一个学校的校长（principal）是你的朋友（pal），你所相信或遵循的原则（principle）属于规则（rule）。

链接策略

学生可以通过一连串事件或一个故事将符号和替代物串联在一起。例如，旋塞（hydrant）可以是氢（hydrogen）的替代物。氧气罐可以成为氧气的符号。氧气罐顶部的两个旋塞是用来记住一个水分子是由两个氢原子和一个氧原子构成的心理图像。

常见错误

以下是课堂上使用助记符手段时可能会犯的常见错误：

◇教师没有指导学生如何创建或使用助记符手段。

◇在呈现大量新信息后教师马上就要求学生创建助记符手段，而没有先给学生时间对概念进行加工和推敲。

◇教师没有给予足够的时间（或根本就没给时间）让学生加工、总结和创建助记符。

◇即便某个助记符手段并不适合记录和表征知识，教师也要求学生创建。

◇教师为要学习或记住的信息提供不适当的助记符手段。

课堂上使用助记符手段的正例和反例

与前面探讨的方法一样，你会看到两组正例和反例（一组小学、一组中学）告诉你课堂上如何使用助记符手段。

小学使用助记符手段的正例

本例中二年级学生开始科学课程新单元的学习，学习内容是有关水在地表形成过程中的作用。学习目标是：创建一个模型表征某地区水土资源的形状和种类（NGSS Grade 2: Earth’s Systems）。

同学们，上午好！本单元我们一直在学习主要水体——海洋以及海洋对天气、地球的形成过程所产生的重要影响。请记住，这些海洋包括北冰洋（Arctic）、南大洋（Southern 或 Antarctic）（南大洋是国际水文地理组织于 2000 年确定的一个大洋，但至今仍有争议——编者注）、印度洋（Indian）、大西洋（Atlantic）和太平洋（Pacific）。今天我要给你们介绍一个简单的方法来记住海洋的名字，这个方法就是助记符。为了给海洋创建一个助记符，我们将从每个名字中取出第一个字母——**A**、**S**、**I**、**A** 和 **P**，并造一个句子，其中第一个单词将以第一个海洋的第一个字母开头。这将有助于我们记住海洋的名字。我已经在黑板上举了一个例子，这样你们就可以明白我的意思，但你们不能使用这个例子。这句话是“桶里浸泡着苹果”（Apples soak in a pail）。我给你们的讲义中有第一个字母下面画了横线的海洋名字。你们将以三人一组的方式来思考提出助记符。一旦想出来了，请写在记录纸上，我会把它们张贴在墙上，让每个人都看得见。

学生思考并在记录纸上写下助记符，然后教师把它们张贴出来。他们就所创建的助记符如何帮助他们记住五个海洋的名字进行集体讨论。讨论结束后，学生们互相合作，互相测试，看看他们创建的助记符是否确实帮助他们记住了五个海洋的名字。

小学使用助记符手段的反例

该反例使用了与上文相同的学习目标，课文内容也是关于五个海洋的：

同学们，上午好！在这个单元中，我们学习了主要水体——海洋以及它们对天气和地球的形成所产生的重要影响。请记住，它们分别是北冰洋（Arctic）、南大洋（Southern 或 Antarctic）、印度洋（Indian）、大西洋（Atlantic）和太平洋（Pacific）。我们要创建一种叫作助记符的方法。为了给海洋创建一个助记符，我们将从每个名字中取出第一个字母——**A**、**S**、**I**、**A** 和 **P**，并用这些字母造一个句子，以帮助我们记住这些名字。你们将以三人一组的方式来思考提出助记符。一旦想出来了，请写在记录纸上，我会把它们张贴在墙上，让每个人都看得见。

在该例中，教师正在开展同样的活动，但是没有指导学生如何创建助记符。教师没有给学生提供一份带有指导性的工作表，也没有举例说明什么才是助记符。学生可能会感到困惑，不知道自己到底应该做什么。教师最后要利用课堂时间解释教学要求，并与各组学生确认他们明白了活动要求。

中学使用助记符手段的正例

中学的例子来自中学科学课堂。学生们正在学习生命科学的单元。学习目标是：评估群体行为对个体及物种生存和繁殖机会的影响的证据（NGSS Grades 9–12 Life Science: Ecosystems）。

> 同学们，下午好！本单元我们一直在学习生命科学和不同物种的行为、生存、繁殖，以及物种之间的相互影响。今天我们将继续使用昨天学到的八个分类类别来讨论生物的分类。我们把生物分为八类——界、门、纲、目、科、属、种和类。你们将通过创建图像助记符来帮助自己记住这八个类别。请记住，图像助记符就是使用简单幽默的图片来帮助自己记住概念。黑板上有个例子可以给你们一些提示。一旦完成任务，我会给你们时间与同伴分享。

教师给学生适当的时间阅读这部分课文，并为每个类别创建一个图像助记符。然后，他给全班同学大约十分钟时间与同伴分享，并解释图像助记符如何帮助他们记住分类类别。在这节课的末尾，教师要求学生只能用助记符总结这堂课的要点。

中学使用助记符手段的反例

反例使用的是与正例相同的科学学习目标，学习的是同样的课文，而且教师也希望学生能够记住八种分类策略。

同学们，下午好！今天，我们将要开始学习一个关于生命科学的单元，以及不同物种的行为、生存、繁殖和对其他物种产生的影响。我们将从学习和讨论生物的分类开始。我们把生物分为八类——界、门、纲、目、科、属、种和类。我想让你们花一点时间阅读课文中这些分类类别。在我们继续学习这个单元时，你们需要记住这些类别，因此，你们要创建图像助记符手段来帮助自己。任务完成后，我们将集体分享某些助记符手段。

确定学生是否可以使用助记符手段表征关键内容

为了让学生获得预期结果（以准确的方式表征、理解和记住关键内容），你需要监控课堂上所有的学生。一旦你为了获得预期结果开始监控所有学生，很快就会知道该方法是否帮助你达到了预期结果。如果不是所有的学生都达到预期结果，应该给予额外的支持来帮助那些学生。可以通过多种方式监控学生是否使用助记符手段记录和表征知识达到预期结果。

◇内外圈：教师让学生组成两个圈，一个内圈和一个外圈，教师站在内圈的中间。每个圈里有一半的学生，两个圈里面的学生面对面。学生有几分钟的时间与站在对面圈里的学生分享和解释自己的助记符。当教师示意时，学生向右迈三步，并与新的同伴再次分享。教师听着正在进行的讨论，确保学生用助记符手段表征了最重要的信息。

◇三句话总结：在指导、处理、阐述、记录和表征之后，要求学生只能基于助记符，用三句话或更少的话来总结教师所教或呈现的东西。教师要求学生两人一组分享总结，或者要求他们写好总结才能离开教室。

表 6.1 是学生的助记符手段熟练程度量规。你可能需要进行一定的调整，以确定学生准确表征和理解关键信息能力的提升情况。

表 6.1 学生的助记符手段熟练程度量规

新手入门	基本掌握	预期达标
学生能创建助记符手段，但不能用来记住这堂课的重要思想或细节	学生能创建助记符手段，并用来弄清这堂课的重要思想，但没弄清这堂课的支撑细节	学生能创建助记符手段，并用来准确地弄清这堂课的重要思想和细节
学生能创建助记符手段，但没有同学或教师的帮助，学生不能总结关键信息	学生能创建助记符手段，并用来弄清这堂课的某些重要思想和细节	学生能向同学和教师解释助记符手段如何有助于他们记住关键信息

开展支架教学和拓展教学满足学生的需求

针对本书描述的各种记录和表征知识的方法，在课堂上教师都可以采用多种方式为其学生提供支持或者进一步拓展该方法。在教师对学生进行监控以达到预期结果之后，这些支持和拓展将会用来帮助那些需要一些支架或想接受更多挑战的学生。这将使学生有更多的机会达到教学策略的预期结果，更重要的是，在他们的学习过程中取得成功。

支架教学

如果学生在使用助记符手段记录和表征知识的过程中需要更多帮助，那就请考虑以下建议：

◇特别是当学生第一次学习这种技能时，让他们与同伴一起学习。当要求学生创建一些有助于学习和记忆的东西时，与同伴合作就是不错的选择，因为“三个臭皮匠，顶个诸葛亮”。此外，因为一起创建助记符手段会更有趣，教师可能会发现学生都更加积极地参与这项活动。

◇当学生创建助记符手段并总结自己所学的内容后，提供诸如以“今天的课主要是 ________”或“今天，我学习了 ________”为开头的句子。

◇为了帮助学生记住他们可以创建的不同类型的助记符手段，在公告板上张贴示例，并在提供活动说明时作为参考。

◇除为全班同学做第一次示范外，教师还要为学困生再示范一次这个过程。

拓展教学

◇建议学生写一首诗或一首歌来帮助他们和同学记住关键内容。

◇请一个学生或一组学生准备一堂课，向全班同学演示如何使用助记符。

结 语

本书旨在帮助教师开展更加有效的课堂教学。正如你在前文中所了解的那样，第一步就是熟练地帮助学生**记录和表征知识**。

为了检验本书目标是否达成，教师不仅要从学生中收集信息，还要从导师或者同事中寻求反馈，以找到志同道合之人。同时在策略的实施过程中，积极开展有意义的反思。这样一来，即使教师没能从本书中学得零星技巧，至少也得认识到**监控的重要性**。**监控**是教师的专业水平以及学生的学习成绩增长的临界点。策略使用并不是终点，教师的目标应该是预期结果：学生在验证自身推理的过程中对内容获得更深层次的理解。

为了更有效地实施本书策略，请遵循以下三个步骤：

1. 在策略实施过程中，发挥自身的能力和创造力对本书中的各种教学方法进行适应性改编。

2. 对预期结果进行监控。换句话说，就是在使用某教学方法的同时，对其有效性进行分析。

3. 如果监控结果显示，因为教师没有提供充分的教学指导而导致学生未能实现预期结果，这时教师便要想办法改变和调整。

毫无疑问，本书可以作为教师提升个人专业技能的行为指南，但是当教师与同事一同研读和实践时，必将获益更多。

反思与讨论问题

在小组会议或向教练、导师或督学会面寻求精神食粮前，教师可以使用以下的反思与讨论问题：

1. 在阅读和实施本书的教学方法之后，你的教学发生了怎样的变化？

2. 在为学生提供支架教学和拓展教学的过程中，你总结出哪些调整和改进教学方法的技巧？

3. 在实施本书教学策略的过程中，你遇到的最大挑战是什么？

4. 实施本书教学策略后，学生的学习发生了哪些变化？

5. 你会如何与同年级或同一部门的同事分享学到的东西？

资源 A 图形组织者模板

资源 A.1

掌握要点

姓名 ______________________________

标题 ______________________________

概念/来源 ______________________________

1. 关键信息：

人物：

事件：

时间：

地点：

原因：

方式：

2. 写一份 20 字的要点总结。

____

____

____

____

资源 A.2

叙述框架

阅读指定的课文并回答以下问题：

1. 主角是谁？如何将其与他人区分开来？

2. 故事发生在何时何地？情况如何？

3. 什么推动了故事中的行为？

4. 人物如何表达自己的感受？

5. 主角决定做什么？他们是否设定了一个目的？如果设了，目的是什么？

6. 主角是如何实现他们的目的的？

7. 结果如何？

资源 A.3

组合笔记

笔记	图画表征
总结所学：	

资源 A.4

类比图

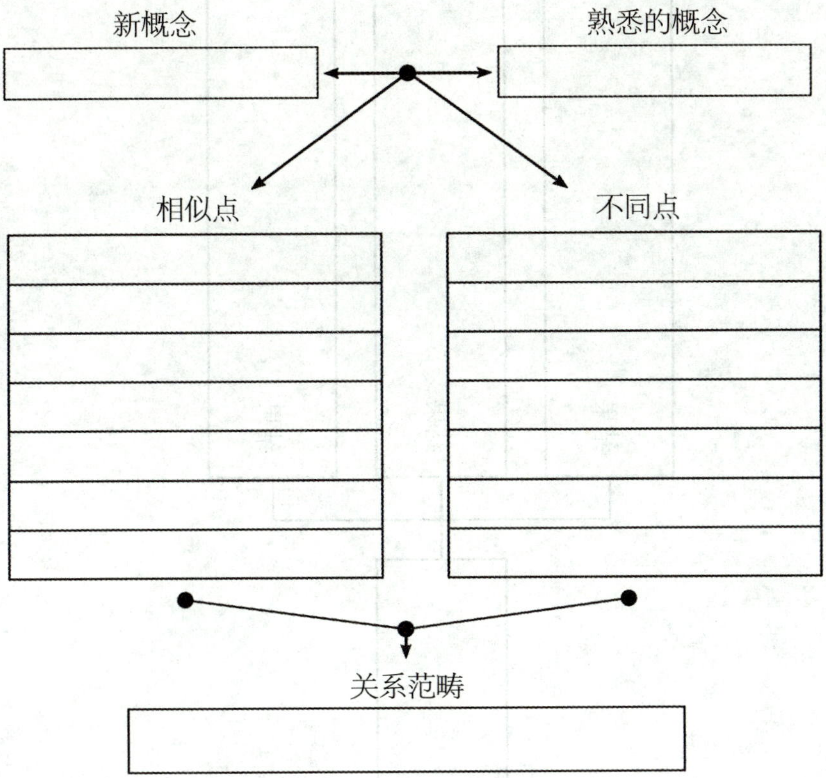

你现在明白了 ____ ？

资源 A.5

原因与结果图

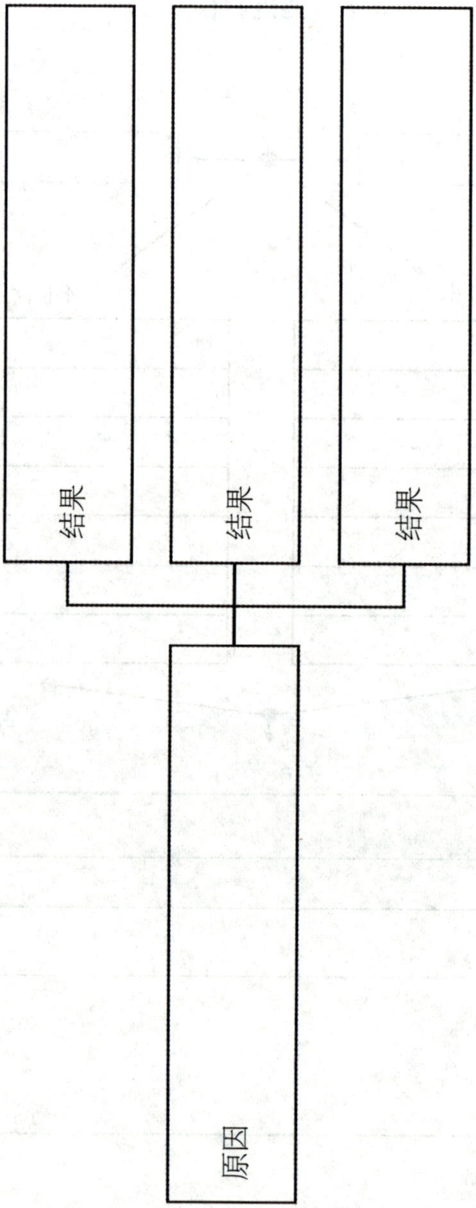

资源 A.6

分列图形组织者

资源 A.7

描述性图

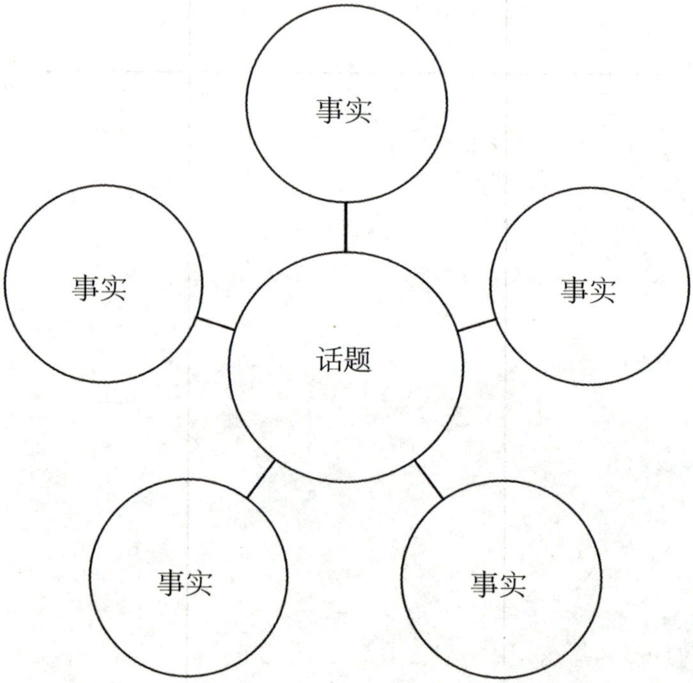

资源 A.8

事件图形组织者

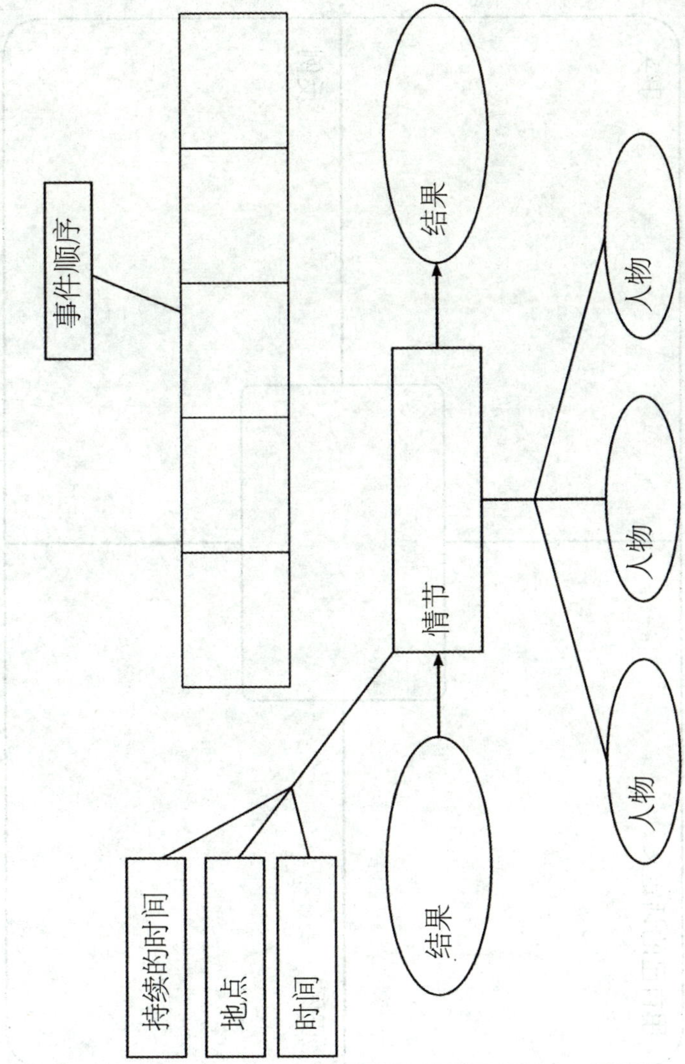

资源 A.9

弗瑞尔模型

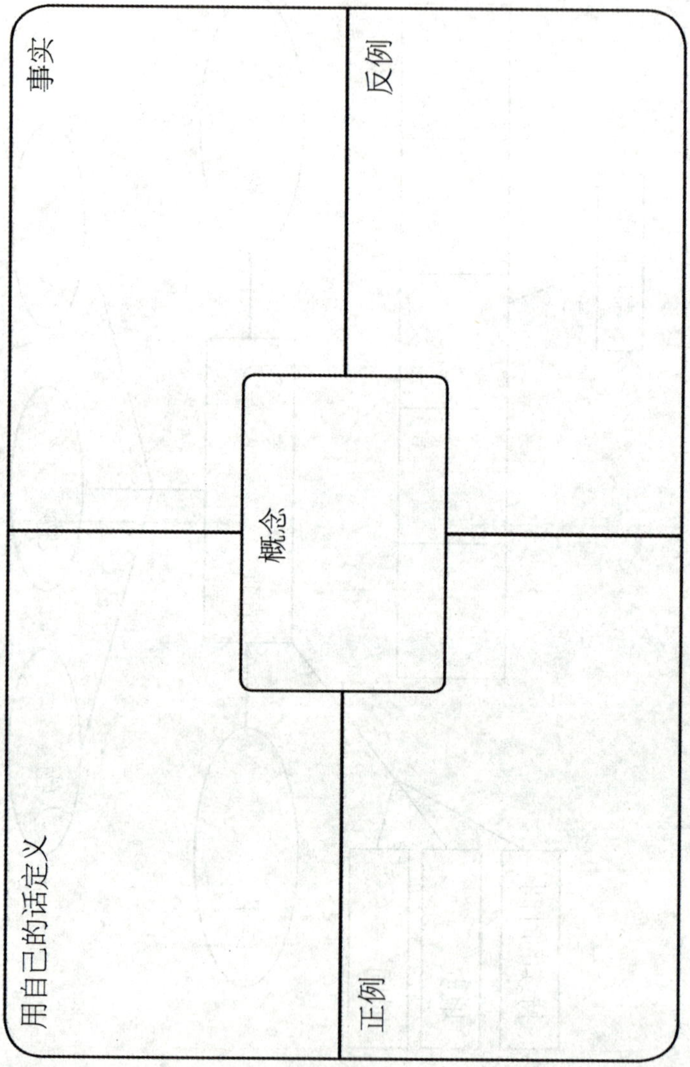

资源 A.10

概括性图形组织者

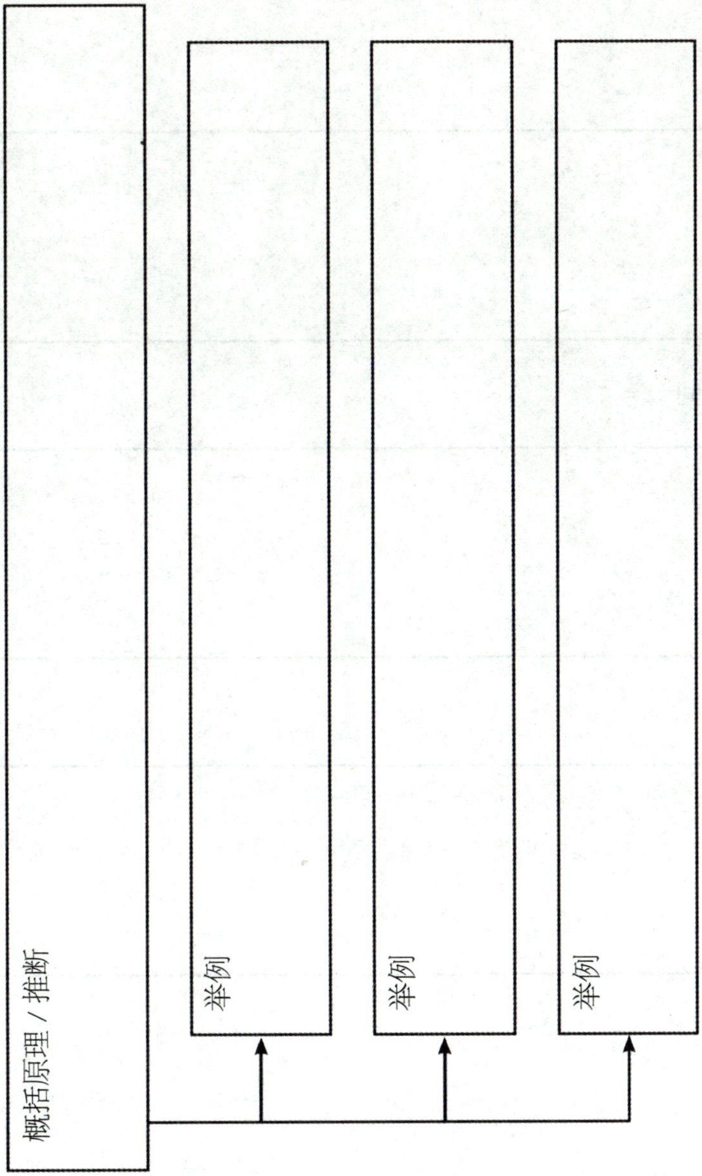

资源 A.11

简单故事图

开头

中间

末尾

资源 A.12

时间序列图形组织者

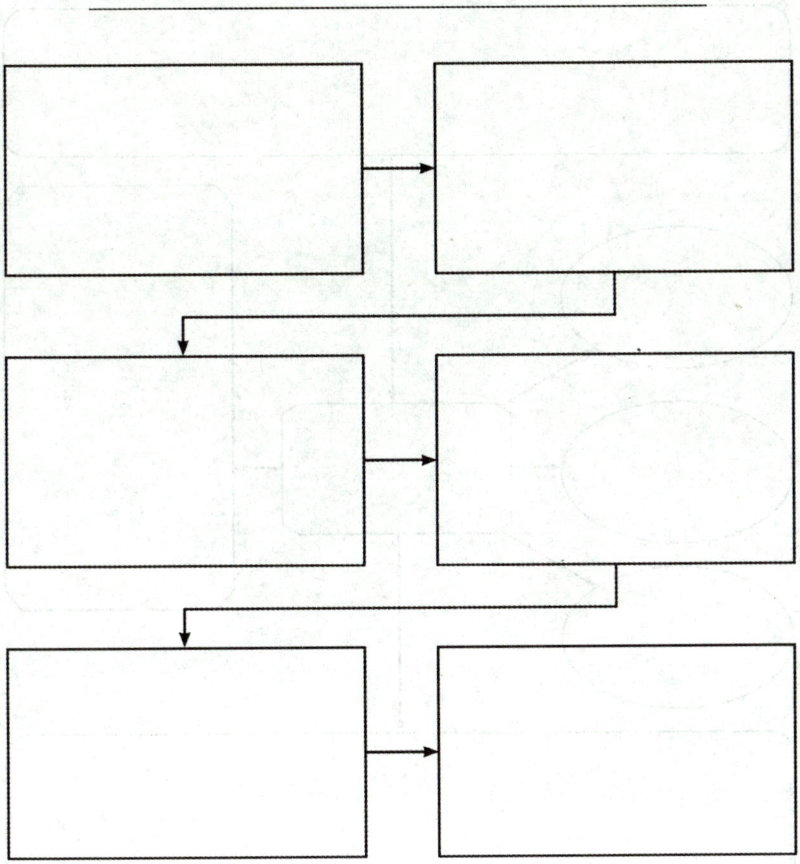

资源 A.13

词语网

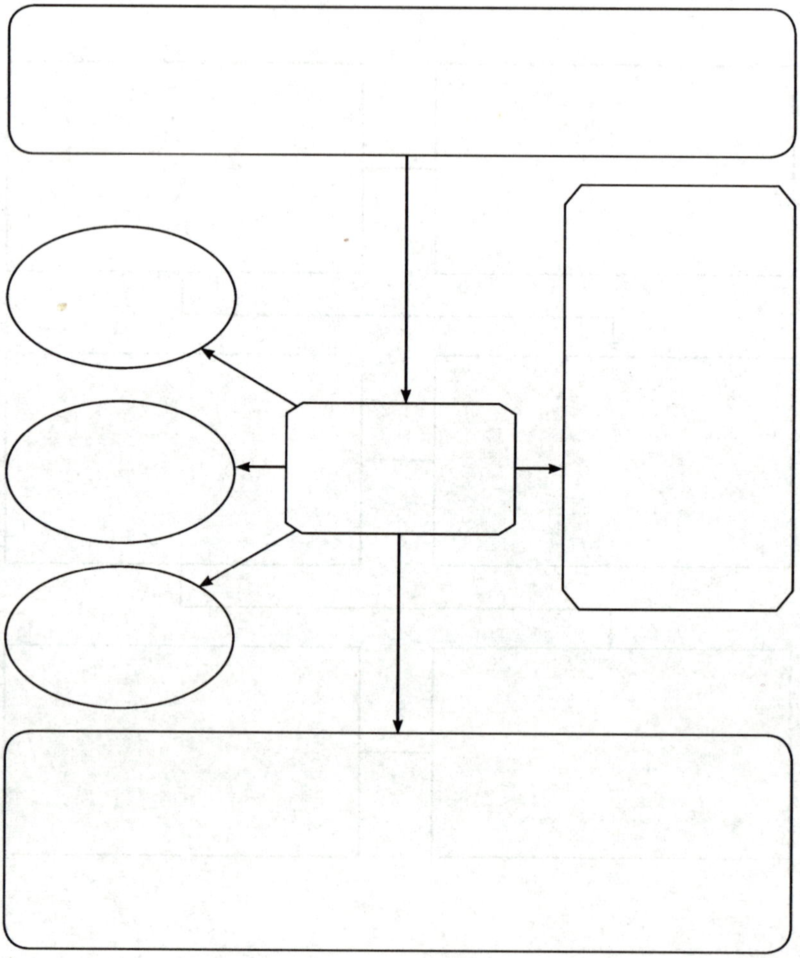

资源 A.14

助记符大聚会

创建助记符手段，用来记住以下选项中的每条信息。尝试在不改变各项间的顺序的情况下，先完成一个助记符。然后再完成几个助记符，你可以将其中各项的顺序进行一定的调整，以便适合你自己的助记法。

1. 太阳系行星的顺序——水星、金星、地球、火星、木星、土星、天王星、海王星和冥王星（2006 年第二十六届国际天文学联合会大会上，因冥王星不符合新通过的行星定义，被正名为矮行星成员——编者注）。

____

2. 去购物——鸡蛋、牛奶、洋葱、黄油、黄瓜、莴苣和汰渍洗衣液。

____

3. 布鲁姆六级思维能力——记忆、理解、应用、分析、评估和创造。

____

4. 为什么朗读笔记增强记忆力——让你参与，对所知道的内容进行反馈，提供动力，在学习中运用多种感官系统，促进注意力集中。

____

5. 六种类型的机械——杠杆、斜面、轴和轮、起重螺旋、滑轮和齿轮。

____

6. 影响水分蒸发的因素——温度、裸露的面积、风和湿度。

____

7. 四种化学反应——化合、分解、置换和复分解。

____

8. 科学方法的基本步骤——陈述问题，收集有关问题的信息，形成假设，用实验来验证假设，记录数据，分析数据，得出结论。

____

9. 物质的一般属性——质量、重量、体积和密度。

改编自：Congos, D. (2005, January 24). 9 types of mnemonics for better memory.

Retrieved from: <http://www.learningassistance.com/2006/january/mnemonics.html>。

资源 B　实用网站

图形组织者

◇教育绿洲——人物和故事图形组织者：

<http://www.educationoasis.com/curriculum/GO/character_story.htm>.

◇工作表作品——图形组织者：

<http://www.worksheetworks.com/miscellanea/graphic-organizers.html>.

◇ Thinkport——图形组织者：

<http://www.thinkport.org/technology/template.tp>.

◇霍尔特——霍尔特互动图形组织者：

<http://my.hrw.com/nsmedia/intgos/html/igo.htm>.

◇学术——阅读理解图形组织者：

<http://www.scholastic.com/teachers/lesson-plan/graphic-organizers-reading-comprehension>.

◇霍顿·米夫林·哈考特教育园地——图形组织者：

<http://www.eduplace.com/graphicorganizer/>.

◇西弗吉尼亚州教育部——词汇图形组织者：

<http://wvde.state.wv.us/strategybank/VocabularyGraphicOrganizers.html>.

◇科布县学区——图形组织者：

<http://www.cobbk12.org/Cheathamhill/LFS%20Update/Graphic%20-Organizers.htm>.

助记符手段

◇助记符手段——

<http://www.ict4us.com/mnemonics/>.

◇美国宇航局认知实验室——助记符仪：

<http://human-factors.arc.nasa.gov/cognition/tutorials/mnemonics /index.html>.

◇图书馆管理员的教育网站——学习游戏、活动和助记符手段：

<http://cybraryman.com/learninggames.html>.

◇在线数学学习数学助记符——

<http://www.onlinemathlearning.com/math-mnemonics.html>.

戏剧扮演

◇儿童之翼——读者剧场脚本：

<http://suzyred.com/readerstheater.html>.

◇教学心理——读者剧场脚本和戏剧：

<http://www.teachingheart.net/readerstheater.htm>.

视频

◇教学频道——教学视频：

<https://www.teachingchannel.org>.

参考资料

[1]Anum. (2012a,December 31). How to take notes: Pictorial [Photograph]. *Deducated: The Student Advice Blog*. Retrieved November 24, 2014, from <http://deducated.blogspot.com/2012/12/how-to-take-notes-pictorial.html>.

[2]Anum. (2012b,December 31). How to take notes: Pictorial [Web log message]. *Deducated: The Student Advice Blog*. Retrieved November 24, 2014, from <http://deducated.blogspot.com/2012/12/how-to-take-notes-pictorial.html>.

[3]Center on Response to Intervention. (2014). The essential components of RTI. Retrieved November 24, 2014, from <http://www.rti4success.org/>.

[4]Common Core State Standards Initiative. (2010a). *Common Core State Standards for English language arts & literacy in history/social studies, science, and technical subjects*. Washington, DC: Author. Retrieved November 24, 2014, from <http://corestandards.org/assets/CCSSI_ELA%20Standards.pdf>.

[5]Common Core State Standards Initiative. (2010b). *Common Core State Standards*

for mathematics. Washington, DC: Author. Retrieved November 24, 2014, from <http://www.corestandards.org/wp-content/uploads/Math_Standards.pdf>.

[6]Congos, D. (2005, January 24). *9 types of mnemonics for better memory*. Retrieved November 24, 2014, from <http://www.learningassistance.com/2006/january/mnemonics.html>.

[7]Dickson, S. V., Collins, V. L., Simmons, D. C., & Kame'enui, E. J. (1998). Metacognitive strategies: Instructional and curricular basics and implications. In D. C. Simmons & E. J. Kame'enui(Eds.), *What reading research tells us about children with diverse learning needs* (pp. 361–380). Hillsdale, NJ: Erlbaum.

[8]Fisher, D., & Frey, N. (2007). *Checking for understanding: Formative assessment techniques for your classroom*. Alexandria, VA: Association for Supervision and Curriculum Development.

[9]Fisher, D., & Frey, N. (2008). *Better learning through structured teaching: A framework for the gradual release of responsibility*. Alexandria, VA: Association for Supervision and Curriculum Development.

[10]Frey, N., Fisher, D., & Everlove, S. (2009). *Productive work: How to engage students, build teamwork, and promote understanding*. Alexandria, VA: Association for Supervision and Curriculum Development.

[11]Goodwin, B. (2011). *Simply better: Doing what matters most to change the odds for student success*. Aurora, CO: Mid-continent Research for Education and Learning.

[12]Graphic organizers. (n.d.). Retrieved November 24, 2014, from <http://www.cobbk12.org/Cheathamhill/LFS%20Update/Graphic%20Organizers.htm>.

[13]Hall, T., & Strangman, N. (2002). *Graphic organizers*. Wakefield, MA: National Center on Accessing the General Curriculum. Retrieved November 24, 2014, from <http://aim.cast.org/learn/historyarchive/backgroundpapers/graphic_or-

ganizers>.

[14]Haystead, M. W., & Marzano, R. J. (2009). *Meta-analytic synthesis of studies conducted at Marzano Research Laboratory on instructional strategies*. Bloomington, IN: Marzano Research Laboratory. Retrieved November 24, 2014, from <http:// www.marzanoevaluation.com/files/Instructional_Strategies_Report_9_2_09.pdf>.

[15]Heflebower, T., & Marzano, R. J. (2011). *Teaching and assessing 21st century skills*. Bloomington, IN: Marzano Research Laboratory.

[16]Himmele, P., & Himmele, W. (2011). *Total participation techniques: Making every student an active learner*. Alexandria, VA: Association for Supervision and Curriculum Development.

[17]King, A. [Performer]. (2012, August). Farming in the gilded age: A simulation [Web video]. Retrieved November 24, 2014, from <https://www.teachingchannel.org/videos/using-simulation-in-the-classroom>.

[18]Marzano, R. J. (2007). *The art and science of teaching: A comprehensive framework for effective instruction*. Alexandria, VA: Association for Supervision and Curriculum Development.

[19]Marzano, R. J. (with T. Boogren, T. Hefl ebower, J. Kanold-McIntyre, & D. Pickering). (2012a). *Becoming a reflective teacher*. Bloomington, IN: Marzano Research Laboratory.

[20]Marzano, R. J. (2012b). Writing to learn. *Educational Leadership, 69*(5), 82–83.

[21]Marzano, R. J., & Brown, J. L. (2009). *Handbook for the art and science of teaching*. Alexandria, VA: Association for Supervision and Curriculum Development.

[22]Marzano, R. H., Pickering, D. J., & Pollock, J. E. (2001). *Classroom instruction that works: Research-based strategies for increasing student achievement*. Alex-

andria, VA: Association for Supervision and Curriculum Development.

[23]Marzano, R. J., & Simms, J. A. (with T. Roy, T. Hefl ebower, & P. Warrick). (2013a). *Coaching classroom instruction*. Bloomington, IN: Marzano Research Laboratory.

[24]Marzano, R. J., & Simms, J. A. (2013b). *Vocabulary for the Common Core*. Bloomington, IN: Marzano Research Laboratory.

[25]Marzano, R. J., & Toth, M. D. (2013). *Deliberate practice for deliberate growth: Teacher evaluation systems for continuous instructional improvement*. West Palm Beach, FL: Learning Sciences International.

[26]Marzano, R. J., Waters, T., & McNulty, B. A. (2005). *School leadership that works: From research to results*. Alexandria, VA: Association for Supervision and Curriculum Development.

[27]McEwan, E. K. (2007). *40 ways to support struggling readers in content classrooms, grades 6–12*. Thousand Oaks, CA: Corwin Press.

[28]McEwan-Adkins, E. K., & Burnett, A. J. (2013). *20 literacy strategies to meet the Common Core: Increasing rigor in middle and high school classrooms*. Bloomington, IN: Solution Tree Press.

[29]Mnemonic devices. (n. d.). Retrieved November 24, 2014, from <http://www.ict4us.com/mnemonics/>.

[30]National Council for the Social Studies. (2014). *National curriculum standards for social studies: Chapter 2—The themes of social studies*. Retrieved November 24, 2014, from <http://www.socialstudies.org/standards/strands>.

[31]*Next Generation Science Standards: For states, by states*. (2013). Retrieved November 24, 2014, from <http://www.nextgenscience.org/next-generation-science-standards>.

[32]RTI Action Network. (2014). What is RTI? Retrieved November 24, 2014,

from <http:// www.rtinetwork.org/learn/what>.

[33]Rutherford,P. (2008). *Instruction for all students* (2nd ed.). Alexandria, VA: Just ASK Publications.

[34]Summary frames. (n. d.). Retrieved November 24, 2014, from <http://sddial.k12.sd.us/esa/doc/teachers/marzano/SummaryFrames.pdf>.

[35]Thinkport. (2014). Graphic organizers. Retrieved November 24, 2014, from <http:// www.thinkport.org/technology/template.tp>.

[36]Voltz, D. L., Sims, M. J., & Nelson, B. (2010). *Connecting teachers, students, and standards: Strategies for success in diverse and inclusive classrooms*. Alexandria, VA: Association for Supervision and Curriculum Development.

[37]West Virginia Department of Education. (n. d.). Frayer model. Retrieved November 24, 2014, from <http://wvde.state.wv.us/strategybank/FrayerModel.html>.